KB242459

상속 증여 제대로 하기

조상규 변호사가 직접 떠먹여 주는

상속 증여
제대로 하기

저자 **조상규**

✤ 목차 ✤

PART 3   상속재산

PART 4   상속분

PART 5   유언

PART 6　　　　　　　　　　　　사전증여와 절세전략

PART 7　　　　　　　　　　　　　상속공제와 비과세

PART 8   상속세의 납부와 가산세

PART 9   가업상속 · 가업승계

머리말

저자는 2014년 『문화예술저작권 분쟁의 숲에 가다』라는 첫 저서를 발간한 이후로 2017년 『김영란법 제대로 알기』, 2018년 『기업법무 제대로 알기』, 2019년 『외부감사인의 법적 책임 제대로 알기』, 2020년 『재개발·재건축 제대로 알기』, 2022년 『블록체인·ICO·NFT 엔터테인먼트 제대로 알기』, 2023년 『계약서 제대로 알고 써라』까지 10여년에 걸쳐 총 일곱 권의 책을 써냈습니다. 그리고 3년이 지난 2026년 여덟 번째 저서인 『상속 증여 제대로 하기』로 다시금 인사드리게 되었습니다.

왜 이렇게 계속적으로 책을 쓰는지 많은 분들이 묻습니다. 저의 답변은 분명합니다. "제 지식에 대한 자기검증"입니다. 사회에서 통용되는 일반적인 조언 중에는 "책을 많이 읽어라"라는 말이 있습니다. 저자는 책을 많이 읽는 사람보다 더 많은 깨우침을 얻는 사람은 "책을 직접 써 보는 사람"이라고 생각합니다. 지금 당장 자신 있는 주제를 정하고 책을 써 보십시오! 안 써질 것입니다. 주제가 정리가 안 돼서, 리서치가 부족해서, 자신만의 논리가 없어서, 다른 저자들이 책을 어떻게 썼는지 노하우를 몰라서.... 매우 다양한 장애요소가 생길 것입니다. 그 중 하나가 책을 많이 읽지 않아서가 있을 수 있습니다. 그럼 그 때 책을 읽으시면 됩니다. 책을 써보면 자신의 지식과 논리 수준을 알 수 있습니다. 빠르게 잘 써지면 머릿속에서 정리가 이미 끝났다는 것입니다. 여덟 권을 쓴 저자의 경험으로 그 순서를 살펴보면 먼저 실무를 처리하면서 익히는 노하우들이 쌓입니다. 실무를 제대로 처리하기 위해서는 관련 분야에 대한 공부가 반드시 병행되어야 합니다. 그리고 그러한 사례들과 내용들을 정리하여 강연을 합니다. 많이 할수록 좋습니다. 실무 노하우들이 자기만의 언어로 승화되는 시점입니다. 실무 자료들과 강연 피피티를 놓고 책을 써 내려가기 시작합니다. 많은 강연으로 숙달된 주제의 경우 일주일이면 150페이지 이상 되는 책의 초안이 나올 것입니다. 저자가 많은 책을 써 낼 수 있었던 방법입니다. 속도감 있게 집필 된 저자의 책들이 완성도가 높다고 평가받기는 힘들 것입니다. 하지만 소송과 자문을 열심히 하는 전문 변호사가 자신이 직접 실무를 수행하면서 체득한 많은 노하우들을 쉬운 말로 가감 없이 전달하기에는 손색이 없는 책들이라고 자부합니다. 이러한 과정을 통해 저자의 여덟 번째 자기검증으로 "상속·증여"라는 주제를 선택하였습니다.

또 많은 분들은 왜 이렇게 분야가 다양한지 의문을 제기합니다. 변호사가 수행하는 기업자문만 해도 계약서, 저작권, 노동법, 형법, 가업승계, 분식회계 등 기업에게 언제 어느 때에 발생할지 모르는 다양한 이슈에 능동적으로 대응하기 위해서는 다채로운 분야에 해박한 지식을 요합니다. 시대 흐름에 발맞추고 제대로 된 법률자문을 수행하기 위해서는 변호사도 폴리매스가 뛰어난 멀티플레이어가 되어야 합니다. 한 분야에 집중하면 그 분야는 잘 알 수 있을지 모르겠으나 다양한 분야가 융합된 문제를 해결할 인사이트를 구축하기는 힘들 것입니다. 지금의 시대는 홍수처럼 쏟아지는 데이터와 같이 한 번도 경험하지 못한 문제들을 계속적으로 마주칠 수밖에 없는 급변의 시대입니다. 기업법무에 집중한다고 해서 기업법무를 잘하는 것이 아닙니다. 계약서는 기본이고 조세 이슈뿐만 아니라 4차 산업혁명까지 이야기가 되어야 하는 것이 현실입니다. 저자는 새로운 분야에 끊임없이 도전하고, 실무에서 직접 다양한 사건들을 수행하면서 쌓아온 노하우와 지식들을 강연과 책으로 정리해왔습니다. 이러한 강연과 집필의 시간을 통해 저자 또한 새로운 인사이트를 구축해가고 있습니다. 실제로 난해하고 낯선 사건을 접하는 경우 이렇게 형성된 인사이트를 이용하여 돌파구를 마련한 사례들이 너무나 많습니다.

많은 법률 분야들 중에서도 특히 "상속·증여"는 현재 이러한 인사이트 구축의 필수 항목이 되었습니다. 기업의 오너들에게 제공하는 가업승계에 대한 법률자문은 기업자문의 단골손님이었고, 분식회계, 감사실패 대응 등 금융회계 사건들을 해결하면서 만난 회계사들과 기업매각을 논의하면서 "상속·증여"에 대한 세금 이슈는 항상 존재하였습니다. 그 중에서도 천만 베이비부머 세대들이 모두 고민하고 있는 "상속·증여"는 지금까지의 법률문제들에 반드시 추가되어야 할 중요 이슈였습니다. 저자는 2015년 전국경제인연합(지금의 한국경제인연합) CEO 2세 법률 강의에서 "부동산 거래단계별 절세전략"을 주제로 강연을 했을 뿐만 아니라 2018년 신세계백화점 경기본점 문화홀 아카데미에서 "상속과 증여 제대로 준비하기"라는 특강을 세 차례 진행하였습니다. 또한 본서를 집필하고 있는 과정에서 이미 상속증여 관련 특강 요청이 두세 군데가 들어왔습니다. 아무래도 회계금융 쪽에서 활동을 많이 한 저자의 경우에 상속세, 증여세라는 이슈는 접근하기도 용이할 뿐만 아니라 지속적으로 자문요청이 오는 분야이기도 했기 때문에 조금은 늦은 감이 있지만 지금이라도 빨리 집필을 해야 했습니다.

본서는 독자 여러분들에게 드리는 선물입니다. 저자가 20년차 법조인으로 살면서 배우고 익히는 모든 지식들을 제때 정리해두지 않으면 귀찮음에 파묻혀 나중에는 찾기도 힘들어질 것이 뻔합니다. 하지만 저자가 조금만 부지런해지면 독자 여러분들에게 소중한 지식들을 제때 전달할 수 있게 되리라 생각이 들어 마지막 저서 이후로 3년 만에 이렇게 다시 집필을 하게 되었습니다. 회계금융 영역이라는 매우 전문적인 영역에서 왕성하게 활동한 저자의 입장에서 조금 더 대중들에게 가까이 다가갈 수 있는 주제가 무엇인지, 많은 분들에게 쉽게 저서를 선사할 수 있는 친숙한 주제가 무엇인지, 너무 전문성이 떨어지지 않는 주제가 무엇인지, 저자의 전문영역 확장을 가져올 수 있는 주제가 무엇인지 고민하였습니다. 그러한 고민 끝에 독자들의 눈높이에 맞춘 "상속·증여 강의"를 선택하였습니다. 이번 집필 과정은 지금까지의 저서들과는 달리 유튜브 강의("조상규 변호사와 함께하는 상속증여")를 동시에 촬영해가면서 진행하였습니다. 저서를 정독하시면서 이해가 되지 않는 부분이 있다면 유튜브 강의를 통해 충분히 해소하실 수 있을 것입니다. 이 또한 독자 여러분들에게 대중적으로 친숙하게 다가가기 위한 노력이라고 말씀 드릴 수 있습니다. 책이 출간 된 이후에 진행되는 오프라인 강연 또한 유튜브에 지속적으로 업로드 할 계획을 가지고 있으니 "구독"과 "좋아요"는 잊지 마시고 꼭 해주시면 감사하겠습니다.

본서는 변호사의 입장에서 상속·증여의 영역을 법률 쟁점으로 분석한 책, 실무에서 활용될 수 있는 절세 지식들을 발췌하여 정리한 책이라고 보시면 되겠습니다. 집필하는 내내 당장 저자가 상속·증여 이슈의 주인공이라고 생각하고 현실적으로 필요한 지식들을 걸러서 정리하기 위해 노력했습니다. 또한 집필 과정에서 다양한 쟁점들에 대하여 세무사나 회계사의 저서, 블로그 지식들을 끊임없이 검증해야 했습니다. 왜냐

하면 여기저기 충돌하는 결론들이 많았기 때문에 확실하게 검증이 되지 않은 지식들을 함부로 반영할 수는 없었습니다. 그 결과 두 번 세 번 검증한 결과만을 저서에 반영하였고, 그러한 쟁점들에 대하여 변호사적 관점으로 추가적인 인사이트를 제공하려고 노력하였습니다. 이러한 저자의 노력으로 시중에 굴러다니는 상속·증여에 대한 잘못된 지식들이 걸러지고 독자 여러분들이 조금 더 쉽고 정확한 절세전략을 짤 수 있기를 기대합니다.

상속·증여
기본기 익히기

🪙 상속의 기본 개념

미국 영주권을 가지고 있는 비거주자인 피상속인이 사망하였습니다. 그래서 국내에 살고 있는 가족들인 아내와 아들, 딸이 상속을 받게 되었습니다. 국내 거주자인 상속인들에게 피상속인 명의의 미국 내 부동산을 상속재산으로 상속이 이루어지는 경우 상속세를 내야 하는가요? 그 법정상속분은 어떻게 되는가요?

상속이라는 '가족법'과 상속세라는 '세법'의 세계를 이해하기 위해서 제일 먼저 해야 할 일은 상속에 쓰이는 법률 용어의 개념을 익히는 것입니다. 위 사례에서 우리는 "비거주자", "거주자", "피상속인", "상속인", "상속재산", "법정상속분" 등 법률적으로 명확하게 개념 정의가 되어야 하는 단어들을 마주하셨을 것입니다. 쉽게 설명하면 되지 왜 저렇게 어려운 단어를 쓰느냐 탓할 수는 없습니다. 상속세를 내야 하는 약자인 우리가 지금부터 열심히 공부를 해야 하는 이유이죠.

먼저 상속의 주인공인 "피상속인"이라는 개념이 나왔습니다. 상속인과 비교하여 이해하기 좋게 설명해 드리자면 "피"를 흘리며 사망하시고 상속재산을 물려주시는 분이 "피상속인"이라고 이해하시면 됩니다. 왜

그런지 알 수는 없지만 대부분의 사례에서 남편이 그 주인공입니다.

　그리고 "상속재산"을 상속받고 상속세를 내야 하는 주체가 바로 "상속인"입니다. 상속인의 경우에는 혼자인 경우는 드물고 여러 명의 상속인들이 존재합니다. 본 사안의 경우에는 아내와 아들, 딸이 될 것입니다. 이렇게 상속인들은 여러 명이 존재하기 때문에 각 상속인별로 "상속순위"가 존재하고 그에 따라 상속재산을 나누어 가질 "법정상속분"이 정해져야 할 것입니다.

　상속순위와 법정상속분을 간단히 표시하면 아래와 같습니다.

알아두기

1순위 상속인 : 직계비속과 배우자(1 : 1.5)

2순위 상속인 : 직계존속과 배우자(1 : 1.5)

3순위 상속인 : 형제자매

4순위 상속인 : 4촌 이내의 방계혈족

　본 사안에서 아들, 딸이 "직계비속"이고 아내가 "배우자"이니 1순위 상속인들이 존재하고 있습니다. 만약 자식들이 없었다면 남편의 부모님과 아내가 2순위 상속인들이 될 것입니다. 만약 남편이 자식과 아내뿐만 아니라 부모님도 안 계신다면 그의 형제자매가 3순위 상속인이 되는 것입니다. 4순위까지 가는 경우는 잘 없지만 선순위 상속인들이 상속을 "포기"하는 경우에는 4순위까지 상속이 이어져 가는 경우도 간혹 있습니다. 그러한 내용은 상속의 "승인"과 "포기"에서 자세히 설명해 드리도록 하겠습니다.

즉 미국에 있는 상속재산인 부동산을 "상속순위"가 1순위인 아들, 딸과 아내가 상속받게 되는데, 이제 그 3명 사이에 "법정상속분"을 나누는 작업이 남았습니다. 동순위 상속자들은 모두 상속분을 동일하게 나누어 가지는 것이 원칙입니다. 하지만 배우자는 상속분에 50%를 가산해 줍니다. 즉 아들:딸:배우자의 비율은 1:1:1.5가 되는 것이죠. 이걸 좀 더 쉽게 계산하려면 2:2:3으로 놓고 보시는 것이 좋습니다. 그러면 각자 가져갈 몫이 2/7, 2/7, 3/7로 구분되기 때문입니다. 결국 미국 부동산 지분을 아들, 딸, 배우자가 2/7, 2/7, 3/7로 나누어 가지는 것이 상속입니다.

다만 이렇게 하나의 부동산에 지분만으로 나누는 경우보다는 현금, 부동산, 채권 등 여러 가지 상속재산이 존재하고 그 부동산도 언젠가는 나누어 가져야 하기 때문에 상속인들 사이에 협의가 되지 않는 경우에는 결국 상속재산분할심판청구라는 소송을 하게 되는 것입니다. 이 부분도 "상속재산분할"에서 자세히 설명해 드리도록 하겠습니다.

결론적으로 위 사례에서 미국 부동산 지분을 아들, 딸, 배우자가 2/7,

2/7, 3/7로 나누어 가지게 되는데, 이에 대해 상속세를 내야 하는지 여부가 남았네요. 평소 법률자문을 요청하시는 많은 분들의 세법상 질문의 핵심은 결국 "상속세 얼마나 내야 하나요?" 내지는 "어떻게 줄일 수 있나요?"이고, 가족법상 질문의 핵심은 "상속재산을 누가 얼마나 가져갈 수 있나요?" 입니다. 본 사안도 그렇지만 모든 사안에서 거의 동일한 듯합니다.

남편이 미국 영주권자입니다. 이러한 사람을 상속세법상 "비거주자"라는 개념을 사용합니다. 즉 국내에 주소를 두고 있거나, 1과세 기간 동안 183일 이상 거소를 둔 자를 "거주자"라고 하며, 거주자가 아닌 사람은 비거주자가 되는 것입니다. 피상속인이 거주자인 경우에는 국내외 모든 재산에 대해 상속세를 내야 하나, 피상속인이 본 사안의 남편처럼 비거주자인 경우에는 "국내에 있는 재산"만이 상속세의 과세 대상이 됩니다. 그렇다면 미국 부동산은 해외에 있는 재산이고 남편은 비거주자이므로 "상속세 과세 대상이 되지 않는다."가 정답이 되겠습니다.

💰 상속세 신고 및 납부

알아두기

- 상속세는 상속개시일이 속하는 달의 말일부터 6개월(피상속인 또는 상속인 중 1명이라도 외국에 주소를 둔 경우에는 9개월, 증여세는 증여받은 날이 속하는 달의 말일부터 3개월 이내)이내에 피상속인의 주소지를 관할하는 세무서에 신고납부 하여야 합니다.

- 세무서장 등은 상속세 신고기한으로부터 9개월 이내(증여세는 증여세 신고기한으로부터 6개월 이내)에 납세자가 신고한 과세표준과 세액을 결정하여야 합니다.

- 상속개시를 안 날로부터 3개월 이내에 상속 개시지의 가정법원에 상속포기, 한정승인, 단순승인 중에서 하나를 선택해서 신고하여야 합니다.

- "안심상속 원스톱서비스"를 통해 피상속인의 금융거래, 토지, 자동차, 세금 등의 상속재산 조회가 가능합니다.

- "내 계좌 한 눈에! 어카운트인포 서비스"를 통하면 피상속인의 모든 금융내역 확인이 가능합니다.

상속세 신고 및 납부는 상속인들이 공동으로 해야 합니다. 그리고 상속인 중 특정인이 상속세를 납부하지 못하는 경우에는 다른 상속인들이 자기가 상속받은 재산을 한도로 연대납부의무를 부담하게 됩니다.

상속인들 사이에 벌어지는 분쟁 중에서 단골손님으로 부각되는 쟁점은 예를 들어 욕심 많은 큰형이 아버지 사망 이후 상속세 신고를 알아서 하겠다며 동생들에게는 아무런 신경을 쓸 필요가 없다고 설득하여 큰형의 지시만 따르는 세무대리인을 선임하여 상속세 신고를 마친다는 사실입니다. 나중에 동생들이 여러 가지 의혹을 제기하면서 상속재산이 얼마나 되는지, 상속재산신고가 어떻게 이루어졌는지 등에 대해 알아보려고 세무대리인에게 자료를 요청해도 묵묵부답으로 일관하여 초기자료 분석에 어려움을 겪는 경우가 많습니다.

💰 상속세와 증여세 납부의 차이

 상속세는 피상속인이 남긴 상속재산 전체를 기준으로 하기 때문에 상속인들의 수가 늘어나거나 줄어든다고 해도 피상속인의 상속재산은 그대로이기 때문에 상속세에 영향이 없습니다. 하지만 증여세는 증여를 받는 사람이 자신이 실제로 증여받은 재산에 대해서 각자 내는 세금이기 때문에 증여받는 사람이 늘어날수록 증여재산이 나누어져 증여세는 당연히 줄어들게 되어 있습니다.

 이러한 이유로 남편의 사망으로 상속이 개시되는 경우 아내가 상속세를 다 내고 나면 자녀들은 상속세를 내지 않아도 되는 경우가 발생합니다. 즉 배우자는 배우자 공제를 많이 받기 때문에 법정상속분까지 상속을 받아 자신이 받은 상속재산 부분에 대해서는 상속세를 내지 않는 것으로 확정한 후에 자녀들이 내야 할 상속세를 본인이 대신 납부하면 절세가 되는 것입니다. 예를 들어 남편의 사망으로 7억의 상속재산이 있는데, 아내는 상속지분 3/7에 따라 3억을 받을 것입니다. 이렇게 아내가 법정상속분까지 받는 상속재산 3억에 대해서는 상속세를 내지 않는 배우자 공제를 해줍니다. 30억까지 가능합니다. 어떻게 보면 절세의 핵심은 인적공제와 물적공제와 같은 상속공제에 있다고 해도 과언이 아닙니다.

 그리고 자식들이 각 2억씩 받는 총 4억의 상속재산에 대해서만 상속세가 나오게 되는데, 그 상속세를 아내와 자식들이 연대하여 납부해야 하는 의무가 있으므로 아내가 4억 부분에 대한 상속세를 모두 대신 납부하여도 상관이 없다는 이야기입니다. 만약 욕심 많은 엄마라면 자신이 받은 상속부분은 상속세를 내지 않으니, 자녀들에게 상속세를 둘이서 알아서 나누어 내라고 하면서 모르는 척할 수도 있겠지만요!

🪙 상속포기와 한정승인

민법 제1019조(승인, 포기의 기간)

① 상속인은 상속개시있음을 안 날로부터 3월내에 단순승인이나 한정승인 또는 포기를 할 수 있다. 그러나 그 기간은 이해관계인 또는 검사의 청구에 의하여 가정법원이 이를 연장할 수 있다.

② 상속인은 제1항의 승인 또는 포기를 하기 전에 상속재산을 조사할 수 있다.

③ 제1항에도 불구하고 상속인은 상속채무가 상속재산을 초과하는 사실(이하 이 조에서 "상속채무 초과사실"이라 한다)을 중대한 과실 없이 제1항의 기간 내에 알지 못하고 단순승인(제1026조제1호 및 제2호에 따라 단순승인한 것으로 보는 경우를 포함한다. 이하 이 조에서 같다)을 한 경우에는 그 사실을 안 날부터 3개월 내에 한정승인을 할 수 있다.

④ 제1항에도 불구하고 미성년자인 상속인이 상속채무가 상속재산을 초과하는 상속을 성년이 되기 전에 단순승인한 경우에는 성년이 된 후 그 상속의 상속채무 초과사실을 안 날부터 3개월 내에 한정승인을 할 수 있다. 미성년자인 상속인이 제3항에 따른 한정승인을 하지 아니하였거나 할 수 없었던 경우에도 또한 같다.

"상속포기"란 피상속인의 채무뿐만 아니라 재산도 모두 상속을 받지 않겠다는 의사표시로서 상속개시 시점에 소급하여 효력이 발생하므로 처음부터 상속인이 아니었던 것과 같은 효과가 있습니다. 이런 경우에 그 상속분은 다른 상속인의 상속분의 비율로 그 상속인에게 귀속됩니다.

　상속포기와 관련하여 최근 대법원이 전원합의체 판결을 통하여 상속인이 상속포기를 하는 경우에도 상속인의 자녀에게 상속이 승계되지 않는다는 기준을 제시하였는데, "상속을 포기한 피상속인의 자녀들은 피상속인의 채무가 자신은 물론 자신의 자녀에게도 승계되는 효과를 원천적으로 막을 목적으로 상속을 포기한 것이라고 보는 것이 자연스럽다. 상속을 포기한 피상속인의 자녀들이 자신은 피상속인의 채무 승계에서 벗어나고 그 대가로 자신의 자녀들, 즉 피상속인의 손자녀들에게 상속채무를 승계시키려는 의사가 있다고 볼 수는 없다. 그런데 피상속인의 배우자와 자녀들 중 자녀 전부가 상속을 포기하였다는 이유로 피상속인의 배우자와 손자녀 또는 직계존속이 공동상속인이 된다고 보는 것은 위와 같은 당사자들의 기대나 의사에 반하고 사회 일반의 법감정에도 반한다."(대법원 2023. 3. 23.자 2020그42 전원합의체 결정)는 내용입니다.

　"한정승인"이란 상속으로 인하여 취득할 재산의 한도에서 피상속인의 채무와 유증을 변제할 것을 조건으로 상속을 승인하는 것을 말하며 대부분의 경우 상속인들은 한정승인을 선택합니다.

참고할 점은 한정승인을 해서 받게 되는 부동산의 경우에는 양도시 발생하는 양도소득세도 한정승인을 한 상속인이 납부의무를 부담한다는 점입니다. 그러므로 한정승인을 하는 경우에 부동산의 양도소득세(취득가액은 상속 당시 가액)도 사전에 계산하여 이를 감안한 상속이 이루어질 수 있도록 해야 할 것입니다.

"단순승인"이란 제한 없이 피상속인의 권리의무를 승계하는 의사표시인데 이러한 단순승인은 채무초과 상태의 피상속인이 존재하는 경우에는 빚을 상속받는 효과가 발생하게 됩니다. 그래서 재산조회를 아무리 열심히 잘 했다고 하더라도 의외의 채무가 밝혀질 수도 있기 때문에 되도록 단순승인은 하지 않는 것을 추천해 드립니다. 앞선 민법 제1019조의 취지도 의도치 않은 단순승인으로 인한 피해를 최소한으로 줄이기 위함이라는 점을 어렵지 않게 확인할 수 있습니다. 그리고 민법은 아래와 같은 경우를 단순승인을 한 것으로 보기 때문에 각별히 유의해야 할 것입니다.

민법 제1026조(법정단순승인)

다음 각호의 사유가 있는 경우에는 상속인이 단순승인을 한 것으로 본다.

1. 상속인이 상속재산에 대한 처분행위를 한 때

2. 상속인이 제1019조제1항의 기간내에 한정승인 또는 포기를 하지 아니
한 때

3. 상속인이 한정승인 또는 포기를 한 후에 상속재산을 은닉하거나 부정소
비하거나 고의로 재산목록에 기입하지 아니한 때

💰 상속포기는 함부로 하면 안 됩니다.

어머니는 살아계시고 6남매의 자녀가 있습니다. 아버지가 돌아가시고 큰 언니의 요청으로 나머지 동생들이 상속포기를 했습니다. 나중에 알고 보니 큰 언니가 이야기한 상속재산보다 훨씬 많은 상속재산들이 확인되었고, 큰 언니가 상속문제를 다 알아서 처리한다는 명분으로 동생들을 속였다는 사실에 화가 납니다. 동생들이 상속재산을 찾아올 수 있을까요?

실제 상담 사례입니다. 상속포기를 결정한다는 것은 신중해야 합니다. 피상속인의 재산과 부채를 모두 확실하게 확인한 이후에 상속지분관계를 검토하고 정확한 자신의 상속재산규모를 파악하고 난 이후에 해도 늦지 않습니다. 그리고 큰 언니 한 사람에게만 맡겨두고 상속재산 조회 및 상속세 납부와 관련된 어떠한 증빙 서류도 없이 말만 믿어서도 안 됩니다. 상속세를 신고하는 세무사도 내 편이 아니라 큰 언니의 편이기 때문입니다.

본 사안에서는 큰 언니로부터 기망을 당하여 상속포기 의사표시를 한 것이기 때문에 상속포기를 취소할 수 있습니다. 하지만 민법은 그러한 취소마저도 포기한 날로부터 1년이 지나가면 더 이상 상속포기를 취소할 수 없다고 규정하고 있습니다. 본 사안에서도 동생들은 상속포기를 한 날로부터 1년이 지난 시점이라 상속포기는 정상적으로 이루어진 것이 되었고 처음부터 상속인이 아닌 것으로 법률효과가 발생하여 특별한 구제방법이 없었습니다.

민법 제1024조(승인, 포기의 취소금지)

① 상속의 승인이나 포기는 제1019조제1항의 기간(상속개시있음을 안 날로부터 3개월)내에도 이를 취소하지 못한다.

② 전항의 규정은 총칙편의 규정에 의한 취소에 영향을 미치지 아니한다. 그러나 그 취소권은 추인할 수 있는 날로부터 3월, 승인 또는 포기한 날로부터 1년내에 행사하지 아니하면 시효로 인하여 소멸된다.

위 조문의 제1항은 상속의 승인이나 포기를 3개월 이내에 신고를 하게 되면 3개월이 아직 지나지 않았을지라도 이를 취소하지 못한다고 규정하고 있습니다. 그렇다면 제2항은 무슨 말일까요? 앞선 사례와 같이 기망이나 착오로 인하여 승인이나 포기를 한 경우에는 기망이나 착오에 의한 의사표시 취소가 가능한데, 이러한 취소도 추인할 수 있는 날로부

터 3개월, 승인 또는 포기한 날로부터 1년이 지나면 더 이상 취소할 수 없다는 규정입니다.

참고할 점은 상속포기는 상속개시 이후에 해야 효력이 있다는 점입니다. 아무리 욕심이 나더라도 큰 언니가 마음이 급하여 상속이 개시되기도 전에 동생들로부터 상속을 포기하는 내용의 각서를 받았다면 상속포기는 효력이 없고 여전히 동생들은 상속인의 지위를 유지하게 됩니다.

💰 상속분쟁은 시간싸움

민법 제999조(상속회복청구권)

① 상속권이 참칭상속권자로 인하여 침해된 때에는 상속권자 또는 그 법정 대리인은 상속회복의 소를 제기할 수 있다.

② 제1항의 상속회복청구권은 그 침해를 안 날부터 3년, 상속권의 침해행위가 있은 날부터 10년을 경과하면 소멸된다.

제1117조(소멸시효)

반환의 청구권은 유류분권리자가 상속의 개시와 반환하여야 할 증여 또는 유증을 한 사실을 안 때로부터 1년내에 하지 아니하면 시효에 의하여 소멸한다. 상속이 개시한 때로부터 10년을 경과한 때도 같다.

상속은 시간 싸움입니다. 상담 오시는 분들에게 제일 먼저 확인하는 것이 기간이 지났는지 여부입니다. 포기나 한정승인은 3개월, 상속세 신고는 6개월, 상속회복청구는 안 날로부터 3년, 유류분반환청구는 안 날로부터 1년, 상속포기 취소는 포기한 날로부터 1년 등등 대부분이 시간적 제약이 존재하기 때문에 상속개시가 있는 날로부터 이 모든 사항

들을 고려하여 최대한 빨리 법률자문을 받고 그에 따른 상속세납부 및 소송분쟁을 대비할 필요가 있겠습니다.

💰 증여와 증여세의 기본 개념

먼저 "증여"란 재산의 무상이전 정도로 이해하시면 되는데, 민법 제554조는 "증여는 당사자 일방이 무상으로 재산을 상대방에 수여하는 의사를 표시하고 상대방이 이를 승낙함으로써 그 효력이 생긴다."고 정의하면서 그 요건을 밝히고 있습니다. 일방은 "증여자", 상대방은 "수증자"이고, 증여세는 수증자가 낸다고 보시면 됩니다.

참고로 앞서 설명해 드린 바와 같이 상속재산 전체에 대하여 상속인들이 연대하여 세금을 내는 상속세와는 달리, 증여는 수증자가 받는 재산에 대하여 세금을 내는 "취득과세형"이기 때문에 증여받는 사람이 늘어날수록 증여재산이 나누어져 증여세는 줄어듭니다.

> 아버지가 성년인 아들에게 9년 전에 5천만원을 증여하였고, 다시금 5천만원을 증여하고자 합니다. 증여세는 어떻게 되나요? 💬

성인자녀에 대한 증여세 비과세 한도가 5천만원(미성년의 경우에는 2천만원)이고, 동일인 증여 10년 이내 합산과세라는 사실을 안다면 9년이 되는 해에 또다시 증여를 하지는 않겠죠! 10년이 지나서 5천만원을 증여하면 비과세 한도가 갱신되어 10년 전 증여 5천만원도 비과세, 10년 후 5천만원도 비과세가 됩니다. 다만 비과세라도 상속세 신고 등을 대비하기 위하여 증여세를 신고하여 증여라는 사실을 확정할 필요가 있겠습니다.

이렇게 동일한 증여자로부터 동일한 수증자에게 증여되는 경우 최초 증여일로부터 소급하여 10년 이내에 이루어진 증여는 합산과세가액이 1천만원을 넘는 경우 과거증여분과 합산하여 과세가 이루어지도록 되어 있습니다. 다만 아버지와 어머니는 동일한 증여자로 보아 9년 전에 아버지가 9년 후에 어머니가 증여를 해도 합산과세를 합니다.

하지만 아버지 사망 후에 홀어머니로부터 증여를 받는 경우는 합산하지 않습니다. 그리고 부부가 이혼을 한 경우에는 동일인으로 보지 않아 이혼한 이후에는 부부가 각각 별도로 과세를 합니다. 그러므로 성인 자녀는 10년 주기로 아버지 5천만원, 어머니 5천만원을 비과세로 증여받을 수 있게 됩니다.

만약 증여세가 나오는 사례의 경우라면 3개월(증여일이 속하는 달의 말일부터 3개월)을 기억해야 합니다. 기한을 넘기면 가산세가 붙습니다. 반대로 증여세 신고기한 3개월 내에 증여세를 신고납부하면 3% 신고세액공제가 있습니다.

자녀들을 위해 쓰는 생활비, 교육비, 치료비 등은 증여세의 대상이 되는 증여로 보아야 할까요? 먹여 살리기도 빠듯한데 증여세까지 내려면 민란이 일어나지 않을까요? 사회 통념상 증여세의 과세대상이 되지 않습니다. 또한 적정 범위 내의 혼수, 축의금 등도 비과세 대상입니다.

  참고로 **혼인공제**(혼인신고 전후 2년 이내에 1억까지), **출산공제**(출산일로부터 2년 이내에 1억까지, 다만 혼인공제와 출산공제는 중복적용이 불가능), **창업자금공제**(최대 5억원까지 가능하고 5억원 초과의 경우에도 일반 세율보다 10% 낮은 특례세율 적용) 등도 있습니다.

💰 사전증여, 사인증여, 유증, 부담부증여의 개념

증여를 공부하다 보면 비슷한데 다르게 쓰이는 용어들이 상당히 많이 나옵니다. 시작부터 그 차이점을 명확하게 인지하고 넘어가는 것이 향후 혼란을 예방하는 지름길입니다. 요령이라고 한다면 용어의 한자(漢子)가 가지고 있는 의미를 생각하면서 의미를 이해하는 것입니다.

"사전(死前)증여"란 "죽기 전" 증여로 이해하시면 됩니다. 일반적인 증여와 동일한 개념이나 사망에 따른 상속, 유증, 사인증여 등과 명확하게 비교하기 위한 개념으로 사전증여라는 용어를 쓰게 됩니다.

증여자와 수증자간에 증여자가 살아 있을 때 증여계약을 체결하지만 증여의 효력은 증여자의 사망을 "원인"으로 발생하도록 하는 방식이 "사인(死因)증여"입니다.

"유증"이란 유언을 통해 재산을 이전하는 단독행위입니다. 사인증여와 다른 점은 유증은 수증자의 승낙 없이 유언만으로 일방적인 증여가 가능한데, 사인증여는 계약 체결이 필요하므로 수증자의 승낙의 의사표시가 요건입니다. 그리고 법적 요건을 갖추지 못한 유언의 경우라도 수증자의 승낙이 존재하여 사인증여의 요건을 갖추고 있다면 무효인 유언에 따른 유증이 사인증여로 인정받을 수도 있습니다.

상속이라는 측면에서 유증이 존재하는 경우 피상속인의 상속재산을 유언에 따라 먼저 배분하고(유증, 특별수익), 남은 재산을 상속분에 따라 배분하게 되는데, 앞선 유증이 상속인들의 최소한의 상속분(유류분)을 침해하는 경우에는 유류분 반환청구의 대상이 되기도 합니다.

"부담부증여"란 수증자가 일정한 채무(상대부담)가 딸린 증여를 받는 경우를 말합니다. 이에 대하여 민법 제561조는 "상대부담있는 증여에 대하여는 본절의 규정외에 쌍무계약에 관한 규정을 적용한다."고 규정하여 당사자 쌍방이 서로 채무가 있는 계약에 준하여 보고 있습니다.

💰 부담부증여의 세금구성

부담부증여에 대해서는 양도세 및 취득세 등 기본적인 세금구성을 알 필요가 있습니다.

> 아버지가 10억인 아파트(취득 가액 5억)를 임대차 보증금 4억에 임대를 놓고 있는데, 아들에게 아파트를 증여하면서 보증금반환의무까지 함께 넘겼다면, 아버지가 보증금 4억을 반환하고 아파트를 채무 없이 넘기는 경우와 비교하여 세금은 어떻게 차이가 날까요?

먼저 아들이 내는 증여세의 측면에서 10억 받는 것 보다 6억 받는 것이 당연히 증여세를 적게 냅니다. 하지만 아버지의 입장에서는 빚 4억을 넘긴 대가로 양도세를 내야 하는데 취득 가액 5억에 채무비율 40%(현재 아파트 10억에서 보증금채무 4억이 차지하는 비중)를 적용하면 2억이 빚 4억에 대한 취득 가액입니다. 즉 2억의 양도차익이 발생했다고 보는 것입니다. 이렇게 발생하는 양도세도 감안하여 양도되는 적정채무수준을 선택해야 합니다.

또 한 가지는 1가구 2주택에서 아들이 1주택을 증여 받고(증여 당시 증여세만 내고), 2년 정도 동거한 이후 세대분리를 통해 독립을 하는 경우라면 양도세는 거의 나오지 않을 가능성이 큽니다.

하지만 만약 아버지가 조정대상지역 내에 3주택 보유자인 경우에는 양도세 중과(2026년 5월 이후에는 기본 양도세에 20%까지 추가과세)와 함께 아들은 조정대상지역 부동산 취득에 따른 취득세 중과(증여 취득세 12%)까지 존재하므로 부담부증여가 불리할 수도 있습니다.

결론적으로 부담부증여가 단순증여보다는 절세효과가 있고 세대분리 등이 되는 경우에는 효과적이지만 증여자가 양도세 중과대상이거나 수증자가 다주택자라면 부담부증여가 불리할 수도 있다는 점을 알아야 하겠습니다.

주의할 점은 아버지의 빚을 아들이 대신 갚지는 말라는 것입니다. 만약 보증금 4억을 아들이 대신 변제하는 순간 아들이 아버지에게 4억을 증여하게 되는 것이라 증여세를 내야하고, 향후 상속 받을 시점에 아들은 6억 아파트가 아닌 10억 아파트에 대한 상속세를 내야 한다는 불합리한 결과가 나올 수도 있기 때문입니다.

PART

2

상속인

💰 상속인 중 대습상속인이 있는 경우 상속권자와 상속세

남편이 사망하였는데 상속인인 아내와 아들, 딸 중에서 아들이 결혼을 해서 며느리와 손자, 손녀가 있다고 가정해보겠습니다. 그런데 아들이 불의의 사고로 피상속인인 남편의 사망 전에 먼저 사망한 경우에 아들의 상속분을 며느리와 손자, 손녀가 받을 수 있는가요? 상속지분은 어떻게 되나요? 만약 아들이 살아 있음에도 불구하고 세대를 건너서 남편으로부터 며느리, 손자, 손녀로 바로 상속이 이루어지도록 한다면 절세전략으로 괜찮은가요?

　　질문이 쏟아질 수밖에 없는 영역입니다. "가는데 순서 없다."는 말이 있습니다. 남편보다 아들이 먼저 사망하는 경우에 대습상속의 문제가 당연히 발생합니다. 그리고 아들이 살아 있는 경우에도 100세 시대를 살고 있는 우리들은 세대를 생략하고 상속해야 할 필요성이 커졌습니다. 즉 자식들이 상속을 받을 시점에 나이가 70세 정도에 이르기 때문에 오히려 손자, 손녀가 세대를 생략하고 상속을 받는 것이 더 간편할지도 모릅니다. 이번 사례에서는 "대습상속"이라는 개념과 "세대생략상속"이라는 개념을 익히고 그에 따른 절세전략에 대해 살펴보도록 하겠습니다.

먼저 "대습상속"이란 상속인이 될 사람이 상속이 개시되기 전에 "사망"하거나 "결격자"가 된 경우에 그 배우자와 직계비속이 대신 상속인이 되는 것을 말합니다. 사례에서 아들이 상속이 개시되기 전에 불의의 사고로 사망하였기 때문에 아들의 상속분을 며느리와 손자, 손녀가 대신 상속받는 것이 바로 대습상속입니다.

기본기 익히기에서 아내와 아들, 딸은 3/7, 2/7, 2/7로 그 상속지분이 나누어진다는 것을 배우셨을 것입니다. 그렇다면 아들의 몫인 2/7를 며느리와 손자, 손녀가 다시금 1.5:1:1 비율로 나누어 가져야 하기 때문에 며느리, 손자, 손녀는 전체 상속재산의 6/49, 4/49, 4/49에 해당하는 지분을 받게 됩니다. 결국 상속인은 아내, 며느리, 손자, 손녀, 딸 이렇게 5명이고, 그 지분은 21/49, 6/49, 4/49, 4/49, 14/49가 되겠습니다.

만약 남편(시아버지) 사망 후 며느리가 기다렸다는 듯이 재혼을 한 경우라면 며느리는 6/49 지분의 주인공이 될 수 있을까요?

상속의 기준점은 상속개시 시점이고 상속개시는 남편(시아버지)의 사망 시점입니다. 이미 아들이 불의의 사고로 사망하여 며느리는 호시탐탐 재혼의 기회를 엿보고 있었으나 아들의 사망으로 인한 상속분(3/7)에 더하여 남편(시아버지)의 상속분까지 받고 떠나기 위해서 재혼을 늦추고 있었던 것입니다. 생존 배우자(며느리)가 재혼을 해버리면 혼인으로 인한 인척관계가 끝나버리기 때문에 더 이상 남편(시아버지)의 대습상속인이 될 수 없습니다. 이러한 사실을 안 며느리는 남편(시아버지)의 사망 후 재혼을 했기 때문에 6/49 지분도 받을 수 있습니다. 결국 아들 사망으로 인한 상속분(3/7)과 남편(시아버지) 사망으로 인한 상속분(6/49)도 모두 받게 되는 것입니다.

알아두기

세대생략상속의 경우에는 30%(받을 상속재산이 20억을 초과하는 경우에는 40%)에 해당하는 금액을 가산하는 할증과세가 이루어집니다.

세대를 건너뛰고 상속을 하게 되면 과세관청 입장에서는 ① 남편에서 아들, ② 아들에서 며느리, 손자, 손녀로 상속세를 두 번 받을 수 있는 기회를 놓치게 되는데 가만히 있을 리가 만무합니다. 그래서 상속세를 한 번 밖에 부과할 수 없기 때문에 한번에 30% 내지는 40%를 할증하여 과세하는 것입니다. 그렇다면 우리는 할증과세를 하더라도 세대생략상속을 선택하는 것이 상속세를 두 번 내는 것보다 더 상속세를 적게 내는 방향인지 전략을 미리 짜면 됩니다.

다만 앞서 살펴본 "대습상속"의 경우에는 의도한 세대생략상속이 아니라 상속인이 될 사람이 상속이 개시되기 전에 "사망"하거나 "결격자"

가 된 경우이므로 할증과세가 적용되지 않습니다.

세대생략상속이 이루어지는 경우는 ① 피상속인이 살아 있을 때에는 며느리, 손자, 손녀에게로 세대생략 "유증(유언에 의한 증여)"를 하는 경우, ② 피상속인이 미리 준비를 못하고 사망하였을 때에는 선순위 상속인 전원이 "포기"를 하는 경우, 이렇게 두 가지가 존재합니다.

만약 상속이 아니라 "사전증여"로 한다면 며느리, 손자, 손녀에 대한 "증여"를 생전에 미리 해두는 경우인데 이 경우도 세대생략 "증여세" 할증과세가 적용되어 30%(미성년자이면서 증여재산가액이 20억을 초과하는 경우에는 40%까지 할증)가 할증될 것입니다. 다만 세대생략증여의 경우는 상속재산 합산기간이 10년이 아니라 5년이기 때문에 상속을 준비하는 수단으로 매우 적절하다고 할 것입니다.

유증이나 증여의 경우에는 상속인들(본 사안에서 1순위 상속인인 아내와 딸)의 입장에서는 유류분 침해의 문제도 발생할 수 있기 때문에 상속지분에 맞게 유증이나 증여를 하는 것도 고려사항이 될 수 있습니다.

다만 성년인 손자에 대한 증여는 "10년간 5천만원 공제"가 가능하므로 5천만원을 증여해도 증여세 및 할증과세가 없습니다. 또한 아들이 사망한 이후에 피상속인이 손자에게 증여할 경우에는 대습상속과 세대생략증여가 결합된 모습인데, 이 경우에는 할증과세를 하지 않습니다.

주의해야 할 부분은 만약 피상속인이 살아 있을 때 유증을 따로 준비하지 못하였는데, 상속인들이 상속받을 재산을 상속포기를 하지 않고 세대를 생략하고 명의이전하였다면 상속세와 증여세를 이중으로 부담해야 한다는 점입니다. 즉 피상속인으로부터 상속받은 다음 며느리, 손자, 손녀에게로 증여를 했다고 보아 상속세와 증여세를 이중으로 납부해야 합니다.

30% 할증이 이루어지더라도 세대생략상속이 2대에 걸쳐 이루어지는 상속보다 느낌으로는 더 절세가 될 것 같지만 "상속공제 한도"와 세대생략할증과세를 사안별로 계산해 보면 세대생략상속이 오히려 더 많은 세금을 내는 경우도 존재하므로 상속재산별로 정확하게 계산을 한 후에 세대생략상속 전략을 짜는 것이 중요합니다.

💰 상속 결격을 통한 절세방안?

민법 제1004조 (상속인의 결격사유)

다음 각 호의 어느 하나에 해당한 자는 상속인이 되지 못한다.

1. 고의로 직계존속, 피상속인, 그 배우자 또는 상속의 선순위나 동순위에 있는 자를 살해하거나 살해하려한 자

2. 고의로 직계존속, 피상속인과 그 배우자에게 상해를 가하여 사망에 이르게 한 자

3. 사기 또는 강박으로 피상속인의 상속에 관한 유언 또는 유언의 철회를 방해한 자

4. 사기 또는 강박으로 피상속인의 상속에 관한 유언을 하게 한 자

5. 피상속인의 상속에 관한 유언서를 위조·변조·파기 또는 은닉한 자

민법은 위와 같이 다섯 가지의 상속결격사유를 명시하고 있습니다. 유

언장을 위조하거나 변조하는 경우 상속결격사유가 되는데, 대습상속 사례에서 본 것처럼 아들이 사망을 한 경우가 아니라 유언장을 위조하여 상속결격자가 된 경우에도 대습상속은 이루어집니다. 즉 아들이 상속결격자가 되면 며느리와 손자, 손녀가 대습상속자가 되는 것입니다.

그렇다면 만약 세대생략상속을 통한 30% 할증과세를 피하기 위한 방법으로 아들이 유언장을 파기 또는 은닉하고 상속결격자가 된다면 자연스럽게 며느리와 손자, 손녀에게 대습상속이 이루어지지 않을까요? 대습상속의 경우에는 30% 할증과세가 붙지 않기 때문에 유증이나 사전증여, 상속포기를 통한 세대생략상속보다 절세 전략으로 더 효과적이지 않나 하는 생각이 듭니다.

💰 단기재상속에 대한 세액공제

앞서 2대에 걸친 상속과 세대생략상속을 살펴보았는데, 2대에 걸친 상속이 1년 내에 이루어진다면 상속세를 두 번 내는 것이 억울하지 않겠습니까? 그래서 상속개시 후 10년 이내에 다시 상속이 개시된 경우 그 재상속이 개시되는 기간에 따라 일정액을 공제해 주는 것을 "단기재상속에 대한 세액공제"라고 합니다. 대략 1년 이내이면 공제율 100%, 2년 이내이면 공제율 90%... 10년 이내이면 10%, 뭐 이런 방식입니다.

절세 전략으로서는 2대가 10년 이내에 사망하는 것을 예측하기 힘든 부분이라 미리 준비하기는 어려운 사항으로 보입니다. 즉 만약 남편이 사망한 후 아들이 1년 뒤 사망하여 아들의 지분을 며느리와 손자, 손녀가 상속을 받는다고 한다면 세대생략상속으로 인한 30% 할증이 필요는 없을 것입니다. 하지만 아들이 시한부 인생이지 않는 이상 1년 뒤 사망을 미리 준비할 수는 없을 것입니다.

다만 1년 이내에 재상속이 이루어지면 상속세를 전혀 내지 않는다는 정도의 사실만 참고하시면 되지 않을까 합니다.

💰 사실혼 배우자는 상속을 받을 수 있을까요?

> 사별한 전처와의 사이에 아들, 딸이 있는 남편이 새장가를 들었습니다. 그리고 현처와는 혼인신고를 하지 않은 상태로 15년을 함께 살았고 그 사이에 딸이 하나 있습니다. 현처와 궁합이 잘 맞았는지는 모르겠으나 현처와 살고부터 남편은 사업이 잘되고 집값도 많이 올라 300억 자산가가 되었는데, 최근 남편이 병환으로 사망하였습니다. 이러한 경우 상속관계가 어떻게 될까요?

먼저 "사실혼"이 무엇인지부터 정확히 알아야 합니다. 많은 분들이 동거하는 사이를 사실혼으로 착각하는 경우가 많은데, 사실혼으로 인정되면 법률혼에 가까운 법적 보호를 받기 때문에 그렇게 간단하게 사실혼을 인정해 주지 않습니다. 즉 결혼식하고 누가 봐도 정상적인 부부생활을 하고 있는데, 단순히 혼인신고만 하지 않고 있는 경우가 전형적인 사실혼관계입니다. 단순 동거의 경우에는 쌍방 간에 혼인 의사가 있는지도 불분명하기 때문에 장기간 동거하면서 친인척과 교류하며 부부처럼 생활을 하는 정도가 되어야 혼인의사가 있는 사실혼으로 인정될 가능성이 높습니다.

그렇다면 사실혼 배우자인 현처는 상속인이 될 수 있을까요? 정답은 너무나도 단순하게 "아니요!"입니다. 혼인신고를 한 법률상 배우자만이 상속인이 될 수 있고, 예외는 없습니다. 헌법재판소도 합헌이라고 합니다. 단지 생명보험의 수익자가 된다거나, 산업재해보상보험법 등의 유족급여를 받는 것은 가능하나 이것은 사실혼 배우자 고유의 권리이지 상속은 아닙니다.

그래도 남편과의 사이에 직계비속인 딸을 한 명 낳았으니, 현처와의 사이에서 태어난 딸은 상속인에 속합니다. 그래서 전처와의 사이에서 태어난 아들, 딸과 1:1:1로 상속재산을 나누어 가지게 됩니다. 즉 100억씩 나누어 상속을 받게 됩니다.

문제는 현처와의 사실혼 생활 동안 남편이 300억 자산가가 되었는데, 현처가 사실혼이라는 이유만으로 아무것도 받지 못한다면 억울하지 않겠습니까? 남편이 해줄 수 있는 부분을 살펴본다면 무엇보다 혼인신고를 해주는 것이 제일 근본적인 해결책일 것이고, 혼인신고가 된다면 현처는 300억의 3/9을 상속분으로 가져갈 수 있습니다.

다만 사망 전에 증여를 통해 300억 전부를 현처에게 남기는 것도 가능할 것입니다. 그러나 다음에 "유류분"에서 자세하게 설명해 드리겠지만 이러한 경우에는 상속인들의 유류분권을 침해하는 문제가 발생합니다. 즉 전처의 아들, 딸, 현처의 딸 이렇게 3명이 상속인이므로 상속인들은 법정상속분의 1/2(피상속인의 직계존속, 형제자매가 상속인인 경우에는 법정상속분의 1/3)을 유류분권으로 주장할 수 있습니다.

이 경우 소위 말하는 "불효소송"이 시작되는 것인데, 현처는 상속인이 아닌 제3자이므로 남편이 사망하기 1년 전에 증여를 행한 것이라면 상속인들은 유류분반환청구를 할 수 없습니다. 만약 남편과 현처 쌍방이 증여 당시 증여재산의 가액이 증여하고 남은 재산의 가액을 초과한다는 점을 알았던 사정뿐만 아니라 장래 상속개시일에 이르기까지 피상속인의 재산이 증가하지 않으리라는 점까지 예측하고 증여를 행한 사정(악의)이 인정되고 이를 유류분권자들이 입증한다면 1년 전에 이루어진 증여라도 유류분반환청구의 대상이 될 수 있습니다.

그리고 남편은 생명보험의 수익자로 현처를 지정하여 생명보험금을 타가게 해 줄 수 있고, 이 또한 앞서 본 바와 같이 남편과 현처 사이에 유류분권자들에게 손해를 가할 것을 알고 한 사정이 없고, 보험수익자 지정 시점이 피상속인 사망일로부터 1년이 넘는다면 상속인들의 유류분반환청구의 대상도 되지 않기 때문에 남편이 현처에게 해 줄 수 있는 적절한 방법이 되기도 합니다.

무엇보다 사실혼 관계에서 빼놓을 수 없는 쟁점이 하나 있습니다. 바로 "이혼에 따른 재산분할"입니다. 즉 남편 입장에서 혼인신고가 뜻대로 되지 않는 상황이라면 "이혼"이라는 수단을 이용하여 현처에게 재산을 나누어 줄 수 있는 방법이 있다는 것입니다. 즉 현처가 사실혼 관계의 해소를 주장하면서 재산분할청구소송을 제기한다면 본인의 기여로 형성한 300억의 재산에 대해 재산분할을 받을 수 있다는 것이 법원의 태도입니다.

법원은 "사실혼관계는 사실상의 관계를 기초로 하여 존재하는 것으로서 당사자 일방의 의사에 의하여 해소될 수 있고 당사자 일방의 파기로 인하여 공동생활의 사실이 없게 되면 사실상의 혼인관계는 해소되는 것이며, 다만 정당한 사유 없이 해소된 때에는 유책자가 상대방에 대하여 손해배상의 책임을 지는 데 지나지 않는다. 사실혼관계의 당사자 중 일방이 의식불명이 된 상태에서 상대방이 사실혼관계의 해소를 주장하면서 재산분할심판청구를 한 사안에서, 위 사실혼관계는 상대방의 의사에 의하여 해소되었고 그에 따라 재산분할청구권이 인정된다."(대법원 2009. 2. 9.자 2008스105 결정)고 보았고 재산분할심판청구 이후 일방 당사자인 남편이 사망하였는데 그 상속인들에 의한 수계를 허용하여 현처의 재산분할청구권 행사를 인정해주었습니다. 하지만 이 또한 상속을 미리 준비했을 때만 가능한 것이지 남편이 이미 사망한 이후라면 재산분할청구도 불가능하다는 것이 법원의 입장(대법원 2006. 3. 24. 선고 2005두15595 판결)입니다.

PART

3

상속재산

💰 상속재산의 의미

상속재산이란 피상속인에게 속했던 금전, 부동산, 주식, 채권 등 경제적 가치가 있는 모든 것을 말합니다. 상속재산은 본래의 상속재산, 간주상속재산, 추정상속재산으로 구성됩니다.

알아두기

상속재산 = 본래의 상속재산 + 간주상속재산 + 추정상속재산

"본래의 상속재산"은 아파트, 토지와 같은 부동산과 분양권, 입주권, 영업권 등의 권리뿐만 아니라 예금, 적금, 주식, 채권 등의 금융자산까지 모두 포함하는 개념입니다. 차명으로 된 재산의 경우에도 실질 소유자가 피상속인이라면 상속재산에 포함됩니다.

여기서 본래의 상속재산은 아니지만 보험금, 신탁재산, 퇴직금 등 실질적으로 상속 등에 의한 재산의 무상이전, 취득과 동일한 결과가 발생하는 경우에는 실질과세원칙에 따라서 상속재산으로 간주하게 되는데 이를 "간주상속재산"이라고 합니다.

그리고 일정 금액 이상의 재산처분이나 금전인출 등이 존재하나 이를

상속인에게 지급하였는지 여부를 알 수 없는 상황이라면 이러한 사용처에 대한 입증을 상속인에게 전가하여 상속인이 상속재산이 아니라는 사실을 입증하면 번복할 수 있게 해주는 상속재산이 바로 "추정상속재산"입니다.

💰 간주상속재산

간주상속재산에서는 생명보험금이 단골손님입니다. 매우 간단하게 생각하시면 됩니다.

알아두기

① 어머니를 보험수익자로 하고 아버지가 자신을 피보험자로 하는 생명보험계약을 체결하였다고 하더라도 아버지가 매월 보험료를 납부하시다가 돌아가셨다면 사망에 따라 어머니가 받게 되는 보험금은 전형적인 간주상속재산입니다.

② 만약 보험수익자를 어머니로 하는 생명보험계약을 아버지가 체결하셨다고 하더라도 매월 보험료를 어머니가 납부하시다가 아버지가 돌아가셨다면 사망보험금은 상속재산에 포함되지 않습니다.

즉 피상속인을 피보험자(사망의 대상)로 계약이 체결된 생명보험에서 보험료(매월 납입하는 보험요금)를 납입하는 주체가 피상속인이면 제3자를 보험수익자(보험금을 타 먹는 사람)로 했다고 하더라도 간주상속재산에 포함되고, 보험료를 납입하는 주체가 피상속이 아니라면 상속재산에 해당하지 않습니다. 피상속인의 사망으로 보험금을 누가 타 먹든 간에 보험료를 실질적으로 피상속인이 내지 않았다면 간주상속재산에 해당하지 않는 다는 것입니다. 만약 보험료의 절반만 피상속인이 냈다면 보험금의 절 반만 간주상속재산이 되는 것입니다.

만약 자녀를 위한 연금보험(자녀가 65세 이후 보험금을 받게 되는 보험)처럼 아 버지가 돌아가신다고 하더라도 자녀가 연금을 타 먹을 수 있는 상황이 아 닌 경우라면 아버지가 상속개시 당시까지 납입한 보험료 합계액과 이에 가산되는 이자상당액이 과세 대상이 되는 간주상속재산이 될 것입니다.

그리고 사망보험금은 민법상 상속인의 고유재산이므로 보험료를 누가 냈든지 간에 ① ② 사례 모두 보험수익자인 어머니의 고유재산으로 보아 아버지의 채권자가 사망보험금에 강제집행을 할 수 없습니다. 또한 어 머니가 상속을 포기한다고 하더라도 사망보험계약에 따른 보험수익자 의 지위가 사라지는 것은 아니므로 사망보험금을 타 먹을 수 있습니다.

하지만 상속세를 내야 하는 세법의 입장에서는 보험료를 아버지가 낸 ①의 경우에는 간주상속재산이 되어 상속세를 내야하고, 보험료를 어머 니가 낸 ②의 경우에는 간주상속재산에 해당하지 않아 상속세를 내지 않 아도 됩니다.

그리고 퇴직금, 퇴직수당, 공로금, 연금 또는 이와 유사한 것으로서 피 상속인의 사망으로 인하여 지급되는 경우에 이러한 성격의 금원은 간주상속재산으로 봅니다. 다만 사고로 인한 사망에서 유족들에게 지급되는 위자료 성격의 보상금, 업무상 사망으로 인한 재해보상금 등은 유족들이 가진 고유의 권리라고 보아 상속재산에 포함시키지 않습니다.

③ 보험수익자를 아들로 하고 피보험자가 아버지인 생명보험계약을 아들이 체결하였는데, 보험료는 아버지가 증여세를 내고 아들에게 지급한 돈으로 매월 납부하였습니다. 이후 아버지가 돌아가셨다면 사망보험금은 상속재산에 포함될까요?

"상증세법 제8조의 규정에 의하여 피상속인의 사망으로 인하여 지급받는 생명보험 또는 손해보험의 보험금으로서 피상속인이 보험계약자가 된 보험계약(보험계약자가 피상속인이외의 자인 경우에도 피상속인이 실질적으로 보험료를 지불한 경우 포함)에 의하여 지급받은 보험금은 이를 상속재산으로 본다."는 것이 국세청의 법령해석사례입니다.

즉 ③ 사례의 경우 "실질적으로 보험료를 지불한 사람"을 아들이 아닌 아버지로 보고 사망보험금은 상속재산에 포함되어 상속세 과세대상이 됩니다. 조금은 의아할 수 있는 것이 아들이 10년에 5천만원씩은 비과세로 증여를 받을 수 있고 이러한 금원을 이용하여 보험료를 내는 경우에도 이를 과세한다는 것이 이중과세가 아닌지 의문이 듭니다. 그리고 매월 아버지의 통장에서 아들의 통장으로 딱 보험료만큼만 이체되고 이를 보험료로 납부하는 경우에는 실질적 동일성을 인정하기 쉬울 수 있으나 그 외의 금원은 수입이 어느 정도 있는 아들인 경우에는 어느 금원으로 보험료를 냈는지 확정 지을 수 없다고 판단됩니다.

이러한 논리라면 아버지로부터 경제적으로 일정 부분 의존하고 있는 아들이 아버지에게서 증여 받은 금원이 존재한다면 설사 증여세를 납부하였다고 하더라도 사망보험금은 아버지의 재산이 되는 것입니다. 만약 ③ 사례에서 피보험자가 어머니인 경우에 어머니가 돌아가셔서 받게 되는 사망보험금도 아버지의 재산이 되므로 이를 보험수익자인 아들이 받는 순간 아버지로부터 증여받은 재산이 되어 증여세를 납부해야 합니다.

💰 추정상속재산

"추정상속재산"이란 피상속인이 재산을 처분하여 받거나 재산에서 인출한 금액 또는 부담한 채무로서 "그 용도가 객관적으로 명백하지 않은 금액" 중, 1년 이내 재산종류별로 2억원 이상인 경우, 2년 이내 재산종류별로 5억원 이상인 경우 이를 상속인이 현금으로 상속받은 것으로 "추정"하여 상속세 과세가액에 산입하는 것을 말합니다.

알아두기

① 1년 이내 : 재산종류별*로 2억원 이상인 경우

② 2년 이내 : 재산종류별*로 5억원 이상인 경우

* 재산종류별 : ① 현금, 예금, 유가증권, ② 부동산 및 부동산에 관한 권리,
③ 기타자산

예를 들어 피상속인 사망 전 1년 사이에 계좌에서 현금으로 3억이 인출된 사실이 확인되었는데, 인출된 3억을 어디에다 썼는지 상속인들이 속 시원히 말을 못 하는 경우에는 피상속인이 3억 전부를 현금으로 찾아서 상속인들 줘버렸다고 과세당국이 "추정"해 버리는 상속재산을 추정상속재산이라고 합니다.

다만 1년 이내 현금 인출 금액이 1억9천인 경우이거나, 2년 이내에 4억9천만원인 부동산을 처분하였다면 추정상속재산에 해당하지 않습니다. 그리고 1년이나 2년 이내에 포함되면 상속재산으로 "추정"되므로 상속인이 상속재산이 아님을 입증해야 하지만, 그 기간 내에 포함되지 아니하는 경우에는 과세관청이 입증책임을 진다고 보시면 됩니다. 결국 피상속인이 사망하기 2년 전까지 미리미리 예금인출을 해두고 부동산을 처분하여 현금화를 해둔다면 절세방안으로 효과적일 것입니다. 다만 절대로 상속인들 통장에 입금하지는 않아야 할 것입니다.

조심할 것은 2년 이내에 3억원을 현금인출하였다고 한다면 ②의 요건에 해당하기 때문에 추정상속재산에 포함되지 않을 것이라고 생각한다면 틀린 판단이 됩니다. 위 사례에서 1년 이내에 3억원이 인출되었기 때문에 ①의 요건에 해당하여 추정상속재산에 포함됩니다. 즉 ①, ② 두 요건 모두에 해당하지 않아야 합니다.

여기서 "용도가 객관적으로 명백하지 않다"는 요건은 아래 5가지 중 어느 하나에 해당되는 경우라고 상속증여세법에 명시되어 있습니다.

> **알아두기**
>
> ① 피상속인이 재산을 처분하여 받은 금액이나 피상속인의 재산에서 인출한 금전 등 또는 채무를 부담하고 받은 금액을 지출한 거래상대방이 거래증빙의 불비 등으로 확인되지 아니하는 경우

② 거래상대방이 금전 등의 수수사실을 부인하거나 거래상대방의 재산상태 등으로 보아 금전 등의 수수사실이 인정되지 아니하는 경우

③ 거래상대방이 피상속인의 특수관계인으로서 사회통념상 지출 사실이 인정되지 아니하는 경우

④ 피상속인이 재산을 처분하거나 채무를 부담하고 받은 금전 등으로 취득한 다른 재산이 확인되지 아니하는 경우

⑤ 피상속인의 연령, 직업, 경력, 소득 및 재산상태 등으로 보아 지출 사실이 인정되지 아니하는 경우

유념할 부분은 위 ① 요건에서 채무를 부담하는 부분도 포함되어 있으므로 피상속인이 돈을 빌려왔는데 그 돈을 어디에 썼는지 불분명하다면 이러한 채무금액도 추정상속재산으로 포함시킨다는 점입니다.

💰 추정상속재산의 계산과 절세방안

　무엇보다 중요한 점은 재산 종류별로 2억 내지 5억을 넘었다고 하여 전액이 다 추정상속재산이 되는 것은 아니고 아래와 같이 추정상속재산 가액을 계산하는 방법이 있습니다.

알아두기

미소명금액 – Min((재산처분금액 또는 인출금액)×20%, 2억원)

　즉 위 사례에서 인출금액 3억원의 20%인 6천만원과 2억원 중 적은 금액인 6천만원을 미소명금액 3억원에서 차감하면 추정상속재산가액은 2억4천만원이 됩니다. 만약 3억 인출금액 중에서 2억원을 피상속인의 생활비 등으로 지출한 내역을 상속인들이 입증한다면 미소명금액은 1억원이 되므로 추정상속재산가액은 4천만원이 됩니다.

　이러한 셈식대로라면 2년 이내에 10억짜리 부동산을 그냥 팔아버리고 그 대가를 전액 현금화하여 숨긴다고 볼 때 상속재산에 편입되는 추정상속재산은 어떻게든 20%가 할인된 8억이라는 사실입니다. 그렇다면 10억까지는 20% 할인, 10억이 넘는 경우는 2억까지 공제가 이루어지는 것과 마찬가지 효과이므로 솔직하게 모든 상속재산을 다 신고하기보다는 현금, 부동산, 기타자산 별로 나누어 이러한 용도가 객관적으로 명백하지 않은 처분을 하지 않을 이유가 없어 보입니다. 또한 2년 그 이전에 처분하여 처분 대금을 현금화해 둔다면 과세관청에게 입증책임이 있어 상속인들이 "아버지께서 어디에다 쓰셨는지 말해주시지 않으셔서 저희도 잘 모른다."고 주장한다면 추정상속재산에 편입시키기 쉽지 않을 것입니다.

💰 신탁재산

피상속인이 "신탁자"가 되어 신탁회사와 같은 "수탁자"에게 신탁한 재산 또는 신탁의 이익을 받을 권리("수익권")는 간주상속재산에 포함되는 것으로 봅니다. 다만 타인이 신탁의 이익을 받을 권리를 소유하고 있는 경우("수익자") 그 이익에 상당하는 가액은 상속재산으로 보지 않습니다. 즉 수익자가 증여받은 재산으로 봅니다.

수익자가 사망한 경우 그 수익자가 갖는 수익권이 소멸하고 타인이 새로 수익권을 취득하는 신탁을 "수익자연속신탁"이라고 합니다. 그리고 신탁계약에 의해 신탁자의 사망 시 수익자가 수익권을 취득 또는 신탁재산에 기한 급부를 받는 신탁을 "유언대용신탁"이라고 합니다.

유언대용신탁의 경우에는 ① 유언과 같은 요식행위가 아니라 신탁회사(금융기관 등)와의 유언대용신탁계약을 통해 체결되기 때문에 절차와 방식이 간편하다는 점, 다만 계약을 체결하므로 그 해지 등이 자유롭지 못한 점, ② 유언에 비하여 다양한 조건을 설정하여 피상속인의 상황에 맞는 재산관리 및 승계가 가능하다는 점, ③ 재산이 수탁자에게 이전되므로 피상속인의 채권자들이 강제집행을 할 수 없다는 점, ④ 신탁수수료와 같은 비용이 발생한다는 점, ⑤ 유언과 달리 부동산 등기를 통해 그 내용이 공개될 수 있다는 점, ⑥ 유류분반환청구소송의 대상이 될 수 있다는 점 등이 특징입니다.

　이러한 유언대용신탁은 ① 상속인이 장애가 있거나 재산을 제대로 관리할 능력이 없는 경우 신탁회사를 통해 상속재산을 관리하고 처분할 수 있도록 할 수 있습니다. 또한 상속인의 생전에는 신탁수익만 받게 하고 상속인이 사망하는 경우에는 상속인의 법정상속인에게 신탁재산을 이전하게 하는 것도 가능합니다. ② 신탁자인 피상속인이 사망한 시점부터 수익자에게 일정 연령까지는 신탁수익만 지급하게 하고 일정 연령에 도달하는 경우(스스로 재산관리를 할 수 있는 능력이 생겼을 만한 나이) 재산의 소유권을 이전시키고 신탁계약을 종결하는 방법도 가능합니다. ③ 피상속인 생전에는 수익자를 자신으로 하고, 관리는 신탁회사가 하게 할 수도 있고, 자신이 직접 관리할 수도 있습니다.

　미국에서는 트러스트(Trust) 제도를 이용한 절세가 상당히 많이 활용되고 있습니다. 리빙 트러스트(Living Trust), 취소 불능 트러스트(Irrevocable Trust), 자선잔여신탁(Charitable Remainder Trust, CRT), 그랜터 트러스트(Grantor Trust) 등 다양한 신탁제도가 존재합니다. 그 중 간단히 두 가지 대표적인 특징이 있는 트러스트를 살펴보면 아래와 같습니다.

　① 리빙 트러스트(Living Trust) 같은 경우에는 법원의 유언 검증 절차(Probate)를 거치지 않고 자동으로 수혜자에게 자산을 간편하게 이전할 수 있을 뿐만 아니라 피상속인이 해당 부동산을 매입한 가격이 아닌 사

망 시점의 시가를 해당 부동산의 취득 가액으로 보기 때문에 양도소득세 절세 효과가 있습니다.

② 취소 불능 트러스트(Irrevocable Trust)는 취소 가능 트러스트와 비교하여 신탁자가 취소를 할 수 없기 때문에 확정적으로 수혜자의 재산이 되고 수혜자 변경이 불가능합니다. 리빙 트러스트와 같은 취소 가능 트러스트는 피상속인이 여전히 소유권을 가지고 있기 때문에 피상속인의 채권자들로부터 상속재산을 지킬 수 없으나 취소 불능 트러스트는 확정적으로 수탁자(신탁회사)의 자산이 되므로 피상속인의 채권자들로부터 보호도 되고 전체 상속재산이 줄어드는 효과가 있습니다. 생명보험 트러스트(ILIT)를 이용하면 전체 상속재산에 생명보험금이 포함되지 않고 별도로 관리되므로 상속세 절세 효과가 존재합니다. 이러한 신탁도 법원의 유언 검증 절차(Probate)를 거치지 않을 뿐만 아니라 신탁의 세부내용이 공개되지 않는다는 장점이 있습니다.

💰 상속재산가액의 평가

알아두기

① 시가(원칙) : 아파트

② 기준시가(공시가격) : 토지, 단독주택, 일반건물, 상가, 호텔

③ 감정평가 : 고가의 주택, 비주거용 부동산, 나대지, 꼬마빌딩, 부동산과
　　다보유법인이 보유한 부동산

아시다시피 아파트 같은 경우에는 한국부동산원, KB부동산, 국토부
실거래가 공개시스템 등에서 확인되는 시가를 기준으로 상속재산평가
를 합니다. 하지만 상가나 호텔 같은 경우에는 시가를 객관적으로 확인
할 수 없어 기준시가를 기준으로 하기 때문에 아무래도 시세보다는 싸
게 평가되어 상속세 절세 효과가 있습니다. 다만 이에 따른 양도세는 별
도로 체크를 요합니다.

"시가"를 확인하는 "평가기간"은 어떻게 될까요? 평가기준일 전후 6
개월(증여는 전 6개월, 후 3개월)을 평가기간으로 하나, 평가기준일 전 2년
이내이거나 평가기간 경과 후 법정결정기한까지 "유사매매사례"가 있다
면 예외적으로 해당 가액을 적용할 수 있습니다.

즉 평가기준일 전후 6개월 이내의 기간 중 매매, 감정, 수용, 경매, 공매 등에 의한 시가를 확인하는데, 이러한 시가가 없다면 유사한 다른 재산의 가액을 시가로 적용할 수 있도록 하는 것이 "유사매매사례가액"입니다. 즉 같은 아파트에서 면적이 5% 이상 차이가 나지 않는 유사한 다른 호수의 매매, 감정 등의 가액을 시가로 보는 것입니다. 홈텍스의 "상속증여재산 평가하기" 시스템에서 확인 가능합니다.

국세청은 2020년부터 비주거용 부동산 감정평가사업을 실시하여 꼬마빌딩을 감정평가 대상으로 포함시켰고, 2024년말부터 초고가아파트, 단독주택, 상가겸용주택도 감정평가 대상에 포함시켜 모든 종류의 주택에 대해 감정평가가 가능해졌습니다. 비주거용 부동산이나 꼬마 빌딩의 경우 공시가격이 시가에 못 미치는 경우(시세 반영률이 60% 내외)가 많아 감정가를 통해 상속재산가액 평가에 현실성을 기한 것인데, 최근 과세관청이 실시하는 깜깜이 감정평가에 대하여 행정법원으로부터 "납세자를 자의적인 기준에 따라 다르게 취급해 재산권을 부당하게 침해했다."는 판결들이 나오고 있는 상황입니다.

알아두기

① 분양권 = 사망일까지 납입한 금액 + 사망일 현재의 프리미엄
② 재개발·재건출 입주권 = 조합원 권리가액 + 사망일까지 납입한 금액 +
   사망일 현재의 프리미엄
③ 예금, 적금 : 예금총액 + 미수이자 − 원천징수세액

소송에서 단골손님은 "비상장주식 가치평가"입니다. 이혼소송에서 재산분할을 하는 경우에도 남편의 비상장주식 가치평가를 두고 현금흐름법이나 상증법상 가치평가방법을 두고 치열하게 다투기도 합니다. 그 이유는 비상장주식은 상장주식(상속개시일 이전·이후 각 2개월 동안 공표된 매일의 한국거래소 최종시세가액(종가)의 평균액)처럼 시가를 확인하기 어렵기 때문에 보충적 평가방법을 사용할 수밖에 없습니다.

"비상장주식의 보충적 평가방법"은 원칙적으로 1주당 순손익가치와 1주당 순자산가치를 각각 3대2의 비율로 가중평균한 가액으로 평가하고, 예외적으로 평가대상 법인이 부동산 과다보유법인에 해당하는 경우에는 1주당 순손익가치와 순자산가치에 대하여 각각 2대3의 비율로 가중평균한 가액으로 평가합니다. 다만 가중평균한 가액이 순자산가치의 80%에 미달하는 경우에는 순자산가치의 80%를 비상장주식의 평가액으로 하도록 규정하고 있습니다.

💰 상속재산분할과 증여세

> 남편이 사망하고 아내와 아들, 딸이 상속인이 되었습니다. 남편의 상
> 속재산은 아파트(20억), 현금(10억), 꼬마빌딩(30억), 토지(10억)가 있
> 습니다.

피상속인인 남편이 피를 흘리고 사망하면 70억에 달하는 상속재산은
1순위 상속인들인 아내와 아들, 딸이 3:2:2의 비율로 상속지분을 가지
게 됩니다. 하지만 원칙적으로는 아파트 지분도 3:2:2, 현금도 3:2:2, 꼬
마빌딩도 3:2:2, 토지도 3:2:2로 나누는 것이 가장 공평하고 탈이 없으
나 현실적으로는 모든 상속재산을 팔아서 현금화하지 않는 이상 분할이
라는 또 다른 분쟁의 소지를 남기게 됩니다.

상속재산분할이란 상속인들이 상속분에 따라 상속재산을 나누는 절차
를 말합니다. 당연히 상속인 전원의 합의를 통한 "협의분할"을 먼저 하
게 되지만 합의가 되지 않는다면 법원에 "상속재산분할 심판청구"를 통
하여 분할하게 됩니다.

위 사례에서 협의를 하게 되면 예를 들어 아내가 꼬마빌딩(30억)을 가

지고, 아들이 아파트(20억), 딸이 현금(10억)과 토지(10억)을 가지면 3:2:2 비율이 되니 간명하겠지만 문제는 꼬마빌딩이나 아파트, 토지 등은 그 가치를 평가하는 방법에 따라 "상속재산 평가"의 문제가 발생하고 이후 가격상승에 대한 기대가 상속재산 별로 다를 수밖에 없기 때문에 상속인들 간에 합의가 이루어지지 않아 발생하는 분쟁은 당연히 예상됩니다.

그래서 피상속인이 상속인들의 의사와는 상관없이 유언으로 미리 아파트는 아내에게, 딸에게는 꼬마빌딩, 아들에게는 현금과 토지를 주는 것으로 분할방법을 정할 수도 있습니다. 공정증서나 자필증서에 의한 유언이 주로 이용되는데, 공정증서로 한 유언은 부동산 유언등기를 바로 할 수 있지만 자필증서로 한 유언은 유언검인절차를 거쳐야 하고, 그 과정에서 공동상속인들 중 일부가 이의를 제기하면 유언등기를 할 수 없고 법원에 유언효력확인소송을 통해 유언의 효력을 인정받아야 합니다. 이러한 불편함이 있기 때문에 분쟁을 사전에 예방하기 위해서는 공정증서에 의한 유언이 상속재산분할 방법으로서는 적절하다고 할 것입니다.

이 경우 유언의 방식이 아내의 상속분(30억)에 미치지 못하는 아파트(20억)이지만 법정유류분권에 따른 지분(법정상속분의 1/2, 15억)을 침해한 경우는 아니므로 아내가 유류분반환청구를 하기는 힘들 것으로 보입니다.

만약 상속인 3인이 아내가 꼬마빌딩(30억), 아들이 아파트(20억), 딸이 현금(10억)과 토지(10억)을 가지는 것으로 협의분할을 마쳤는데, 생각해보니 아들의 아파트가 가격이 잘 오를 것 같다고 생각한 딸이 자신이 아파트를 가지고 싶다고 상속재산분할심판청구를 할 수 있을까요? 법원은 이미 협의분할이 이루어졌다는 이유로 내용은 보지도 않고 바로 "각하" 판결을 합니다. 그러므로 협의분할은 낙장불입이니 신중히 결정하셔야 합니다.

그리고 자녀들이 미성년인 경우에는 협의분할에 제한이 있습니다. 즉 협의의 대상인 미성년자를 대리할 사람이 이해관계인인 엄마이기 때문입니다. 만약 사안에서 딸이 미성년자인데 아내가 딸을 대리해서 협의분할을 한다면 아내가 자신의 이익을 위한 협의를 할 가능성이 높기 때문에 이해상반 행위로 보아 협의가 무효가 됩니다. 이러한 경우에는 딸을 위한 "특별대리인"선임을 법원에 청구하여 법원이 선임한 특별대리인과 협의분할을 하면 됩니다. 아들까지 미성년자라면 아들과 딸을 위한 특별대리인을 각각 선임해야 할 것입니다.

만약 아내가 아이들을 위해서 대신 일을 한다는 생각으로 상속재산 전부를 본인명의로 등기를 옮기고 현금 10억도 자신의 계좌로 이체해 두었다가 꼬마빌딩, 아파트, 토지를 다 팔아서 현금화한 다음 아들과 딸에게 각 20억씩을 나누어주었습니다. 아들과 딸이 증여세를 뚜드려 맞을 수도 있지 않을까요?

부동산 팔면 양도세에 비용, 그리고 상속채무 차감이 필요하고, 공동상속인이 저렇게 혼자 명의로 재산을 옮겨놓는 경우에 제대로 분배가 이루어지는 경우는 거의 없다는 점에서 조금은 비현실적인 사례이지만 간단히 설명을 하기 위해서 설정한 내용입니다. 저자가 실제로 진행한 한 사건도 장남이 본인명의로 부동산을 다 옮겨 놓은 이후에 동생들에게는 조금만 기다리면 다 정리해 준다는 말을 수년간 해오다가 참다못한 동생들이 소송을 제기한 사건이 있었습니다.

절세 차원에서 말씀드리자면 협의분할을 잘못하면 증여세가 추가로 발생할 수 있다는 사실을 유념해야 합니다. 즉 과세관청의 입장에서는 아내가 모든 상속재산을 다 상속받아 상속이 종료된 이후에 상당기간이 지나 아내가 자식들에게 각 20억씩을 나누어주었으므로 이러한 행위는 별도의 증여로 보아 자식들이 증여세를 내야할 수도 있습니다. 이러한 혼란을 사전에 예방하기 위해서는 공동상속인들이 각 부동산을 공동명의로 등기를 해두어 각 지분별로 상속이 이루어졌다는 증빙을 남기는 것이 중요합니다.

다만 아내가 과욕을 부려 모든 상속재산을 자신이 차지하기 위해 명의이전을 한 것이 밝혀져 아들과 딸이 불효소송이지만 상속회복청구의 소를 제기하여 승소한 경우 가져오는 재산들에 대해서는 증여세의 과세대상이 되지 않습니다. 또한 상속지분대로 부동산을 등기해 두었다가 협의분할에 의하여 재분할되어 넘어오는 재산에 대해서는 증여세의 과세대상이 되지 않습니다.

💰 상속재산분할심판청구

　상속재산의 분할방법에 대하여 상속인들 간에 협의가 이루어지지 아니하여 상속재산분할심판청구를 진행하는 경우라면 소송을 제기하는 상속인은 다른 상속인 전원을 상대로 소송을 제기하여야 합니다. 여러 명의 상속인들 중에서 한 명의 주소지를 관할하는 가정법원에 소송을 제기하면 됩니다. 상속과 관련된 다른 청구들과 달리 청구기한에 제한이 없다는 특징이 있어 언제든지 청구가 가능합니다.

　분할하는 방식은 ① 현물을 그대로 상속인들에게 나누어 주는 현물분할방식, ② 상속재산을 현물로 분할할 수 없거나 분할로 인하여 현저히 그 가액이 감손될 염려가 있는 경우 경매로 처분하고 그 대금을 나누어 주는 경매분할방식, ③ 특정 재산을 특정 상속인의 소유로 하고 나머지 상속인들에게 금액을 지급하는 가액배상방식 등이 있습니다.

　이러한 분할방식만 봐도 알겠지만, 판결로 결론을 도출하기가 상당히 어렵습니다. 그래서 법원도 되도록이면 조정을 거쳐 분할이 해결될 수 있도록 권장합니다.

　해당 상속재산분할심판에서는 기여분을 주장하는 상속인의 기여분 판단도 있을 것이고, 생전 증여나 유증이 이루어진 경우라면 해당 상속인에 대한 특별수익에 대한 판단도 있을 것입니다. 이와 관련해서는 다음에 보시게 될 "특별수익자"와 "기여분" 부분에서 따로 설명해 드리도록 하겠습니다.

💰 양도세를 고려한 가액평가를 하자

　공시가격을 기준으로 하는 토지를 아버지가 소유하고 있는 경우 공시가격이 3억이고 시세가 5억 정도 된다고 가정해 보겠습니다. 이러한 경우 평가금액을 3억으로 신고하면 상속세나 증여세는 적게 나올 수 있으나 상속인이 5억에 매도하면 시세차익 2억이 발생하여 양도세가 추가로 발생합니다. 하지만 평가금액을 5억으로 신고하면 5억에 매도하였으므로 시세차익은 발생하지 않고 양도세는 없지만 3억이 아닌 5억을 상속 또는 증여받은 것이므로 상속세나 증여세가 더 많이 나올 것입니다.

　이러한 경우 ① 3억 상속세(증여세) + 2억 양도세, ② 5억 상속세(증여세) 두 가지 경우를 모두 계산하여 세금이 적게 나오는 경우를 선택해야 할 것입니다. 본 사안의 경우 ①은 대략 1억5천, ②는 대략 8천 정도로 계산되어 고가의 평가금액으로 상속세 또는 증여세를 신고하는 것이 오히려 절세 전략이 되는 것입니다. 특히 양도세의 경우에는 토지거래허가구역 내의 양도세 중과 등의 이슈가 함께 존재하므로 이러한 양도세 중과까지 고려한다면 차라리 상속세나 증여세를 조금 더 내는 것이 무시무시한 양도세를 피할 수 있는 방법이라 할 것입니다.

상속분

💰 특별수익자가 존재하는 경우

> **민법 제1008조 (특별수익자의 상속분)**
>
> 공동상속인중에 피상속인으로부터 재산의 증여 또는 유증을 받은 자가 있는 경우에 그 수증재산이 자기의 상속분에 달하지 못한 때에는 그 부족한 부분의 한도에서 상속분이 있다.

상속인이 피상속인으로부터 사전증여 또는 유증을 받은 경우에 이를 "특별수익"이라고 하며, 이러한 특별수익을 받은 상속인을 "특별수익자"라고 합니다. 논리는 매우 간단합니다. 사전증여나 유증을 받았으면 그만큼을 차감하고 상속재산을 받으라는 것입니다.

예를 들어 남편이 사망 당시 5억의 재산을 남겼는데, 아내에게 사전증여로 사망하기 3년 전에 2억을 미리 주었다면 남편의 상속재산을 총 7억으로 보고, 아내가 받을 법정상속분 3억(= (5억 + 2억) × 3/7)에서 미리 받은 2억을 차감하고 1억만 상속분으로 받을 수 있다는 것입니다.

이러한 특별수익자 논리는 상속인 간 상속재산분할의 분쟁에서 주로 문제되는 개념이고, 세법상 사전증여에 따른 상속세 계산의 문제는 사망 전 10년 내에 이루어진 사전증여만 상속재산으로 보고 그전에 이루어진 사전증여는 상속재산에 포함시키지 아니하는 논리와는 또 다른 차원임을 이해하면 좋습니다.

법원도 특별수익을 "민법 제1008조는 공동상속인 중에 피상속인으로부터 재산의 증여 또는 유증을 받은 특별수익자가 있는 경우에 공동상속인들 사이의 공평을 기하기 위하여 그 수증재산을 상속분의 선급으로 다루어 구체적인 상속분을 산정함에 있어 이를 참작하도록 하려는 데 그 취지가 있는 것이므로, 어떠한 생전 증여가 특별수익에 해당하는지는 피상속인의 생전의 자산, 수입, 생활수준, 가정상황 등을 참작하고 공동상속인들 사이의 형평을 고려하여 당해 생전 증여가 장차 상속인으로 될 자에게 돌아갈 상속재산 중의 그의 몫의 일부를 미리 주는 것이라고 볼 수 있는지에 의하여 결정하여야 할 것이다."(대법원 1998. 12. 8. 선고 97므513, 520, 97스12 판결)라고 보고 있습니다.

그렇기 때문에 시기와 상관없이 사망 전 10년 이전에 이루어진 증여라도 상속인들 사이에서는 특별수익으로 인정되어 상속분을 정하는데 반영이 됩니다. 또한 피상속인이 사망하기 15년 전에 3억 짜리 아파트를 아들에게 증여하였는데, 상속이 개시되는 당시에는 10억으로 아파트 가격이 올랐다면 아들의 특별수익은 3억이 아니라 10억으로 봅니다. 결국 상속 당시 상속인들이 나누어 가져야 할 상속재산으로 보기 때문에 상속개시 당시를 기준으로 시가로 평가하는 것입니다.

아파트는 시가가 변동된다고 하지만 15년 전에 증여한 물건이 아파트가 아니라 현금 3억이었다면 15년이 지난 시점의 현금 3억의 가치는 어떻게 평가해야 할까요? 상속인들 간에 상속재산을 두고 다툼이 벌어지는 경우에는 이조차도 매우 예민하기 때문에 꼼꼼하게 따지지 않을 수 없습니다. "GDP 디플레이터"라는 수치를 이용하게 되는데, 이는 한 국가의 국내에서 생산된 모든 최종 재화와 서비스의 종합적인 물가 수준을 나타내는 지표입니다. 명목 GDP를 실질 GDP로 나눈 후 100을 곱하여 계산하며, 소비자물가지수(CPI)나 생산자물가지수(PPI)로는 알 수 없는 임금이나 노동 변수까지 포함한 전반적인 가격 변동을 측정합니다.

만약 피상속인이 손자에게 직접 증여를 한 경우 아들의 상속분을 산정하는데 손자가 받은 증여가액 만큼을 특별수익으로 보아야 하는지 문제될 수 있습니다.

이에 대해서 법원은 "상속분의 산정에서 증여 또는 유증을 참작하게 되는 것은 원칙적으로 상속인이 유증 또는 증여를 받은 경우에만 발생하고, 그 상속인의 직계비속, 배우자, 직계존속이 유증 또는 증여를 받은 경우에는 그 상속인이 반환의무를 지지 않는다고 할 것이나, 증여 또는 유증의 경위,

증여나 유증된 물건의 가치, 성질, 수증자와 관계된 상속인이 실제 받은 이익 등을 고려하여 실질적으로 피상속인으로부터 상속인에게 직접 증여된 것과 다르지 않다고 인정되는 경우에는 상속인의 직계비속, 배우자, 직계존속 등에게 이루어진 증여나 유증도 특별수익으로서 이를 고려할 수 있다고 함이 상당하다."(대법원 2007. 8. 28.자 2006스3,4 결정)는 입장입니다.

주거를 하게 되는 "아파트나 주택" 등은 상속인에게 직접 증여된 것과 다르지 않다고 인정되는 경우에 쉽게 해당할 것이고 "예금"같은 경우에 법원은 "당사자들의 신분관계, 위 각 예금 인출 및 입금 경위, 증여된 물건의 가치와 성질, 다른 상속인들과의 형평 등을 고려"(서울고등법원 2014. 6. 2.자 2013브127 결정)합니다.

💰 기여분이란?

민법 제1008조의2(기여분)

① 공동상속인 중에 상당한 기간 동거 · 간호 그 밖의 방법으로 피상속인을 특별히 부양하거나 피상속인의 재산의 유지 또는 증가에 특별히 기여한 자가 있을 때에는 상속개시 당시의 피상속인의 재산가액에서 공동상속인의 협의로 정한 그 자의 기여분을 공제한 것을 상속재산으로 보고 제1009조 및 제1010조에 의하여 산정한 상속분에 기여분을 가산한 액으로써 그 자의 상속분으로 한다.

② 제1항의 협의가 되지 아니하거나 협의할 수 없는 때에는 가정법원은 제1항에 규정된 기여자의 청구에 의하여 기여의 시기 · 방법 및 정도와 상속재산의 액 기타의 사정을 참작하여 기여분을 정한다.

③ 기여분은 상속이 개시된 때의 피상속인의 재산가액에서 유증의 가액을 공제한 액을 넘지 못한다.

④ 제2항의 규정에 의한 청구는 제1013조제2항의 규정(협의분할)에 의한 청구가 있을 경우 또는 제1014조에 규정(분할후의 피인지자 등의 청구)하는 경우에 할 수 있다.

"기여분"이란 공동상속인들 중에 피상속인을 "특별히" 부양하거나 피상속인의 재산 유지 또는 증가에 "특별히" 기여한 바가 있다면 이를 자신의 상속분으로 인정해 주는 제도입니다. 계산 방식은 "특별수익"과 정반대입니다. 즉 기여분은 상속개시 당시 피상속인의 재산가액에서 기여분을 공제한 것을 상속재산으로 보고 이를 기준으로 산정한 상속분에 기여분을 가산하는 방식인데, 앞서 본 특별수익은 상속개시 전 미리 받은 특별수익이 있다면 그 특별수익을 포함한 것을 상속재산으로 보고 이를 기준으로 산정한 상속분에 특별수익을 공제하는 방식입니다.

기여분은 상속재산분할처럼 공동상속인들의 협의로 정하고, 안 되면 가정법원이 결정하는 방식을 택하고 있습니다. 그러다 보니 상속재산의 분할청구가 있어야 기여분결정 심판청구가 가능합니다. 실무에서 법원은 기여분을 100% 인정한 경우를 포함하여 60%, 70% 등 상당히 큰 비중의 기여분을 판단한 사례가 다수 존재합니다.

예를 들어 남편의 상속재산이 9억인데, 아내의 기여분을 아들과 딸이 함께 모여 2억으로 협의했다고 가정한다면 기여분을 차감하고 남은 잔존 상속재산은 7억이 될 것입니다. 결국 7억에 대해서 아내와 아들, 딸이 3/7, 2/7, 2/7씩 나누어 3억, 2억, 2억을 상속받게 되고, 아내는 자신의 기여분으로 인정된 2억을 합산하면 5억, 2억, 2억이 최종 상속분이 되는 것입니다.

⚠ 주의할 점

계산이 이렇다보니 대법원에서도 "어떠한 생전 증여가 특별수익에 해당하는지는 피상속인의 생전의 자산, 수입, 생활수준, 가정상황 등을 참작하고 공동상속인들 사이의 형평을 고려하여 당해 생전 증여가 장차 상속인으로 될 자에게 돌아갈 상속재산 중 그의 몫의 일부를 미리 주는 것이라고 볼 수 있는지에 의하여 결정하여야 하는데, 생전 증여를 받은 상속인이 배우자로서 일생 동안 피상속인의 반려가 되어 그와 함께 가정공동체를 형성하고 이를 토대로 서로 헌신하며 가족의 경제적 기반인 재산을 획득·유지하고 자녀들에게 양육과 지원을 계속해 온 경우, 생전 증여에는 위와 같은 배우자의 기여나 노력에 대한 보상 내지 평가, 실질적 공동재산의 청산, 배우자 여생에 대한 부양의무 이행 등의 의미도 함께 담겨 있다고 봄이 타당하므로 그러한 한도 내에서는 생전 증여를 특별수익에서 제외하더라도 자녀인 공동상속인들과의 관계에서 공평을 해친다고 말할 수 없다."(대법원 2011. 12. 8. 선고 2010다66644 판결)고 하여, 기여분 성격의 사전증여(꼭 기여분으로 판단 받지 못한다고 하더라도)를 특별수익에서 제외하여 공동상속인들이 유류분반환청구를 할 수 없도록 하는 기준을 마련하였습니다.

기여분의 핵심은 "특별히"입니다. 법원은 단순히 가족 간의 부양의무를 이행한 것에 불과한 경우에는 기여분을 인정하지 않습니다. ① 피상속인의 배우자로서 당연한 동거, 부양, 협조의무, 자녀로서의 부양의무를 이행한 경우, ② 피상속인의 투병 기간 동안 병수발을 한 배우자, ③

피상속인의 회사에서 근무하며 회사의 재산 가치를 증대하였다고 주장하나 회사의 직원으로 통상 기대되는 정도의 것을 넘는 특별한 기여가 없는 자녀의 경우 등이 이에 해당할 것입니다.

기여분이 인정된 경우 및 그 비율을 살펴보면 다음과 같이 다양한 사례들이 있습니다.

① 피상속인의 전 배우자와의 사이에서 태어난 자녀를 25년간 혼인생활을 하면서 양육하였고, 급성심근경색으로 쓰러진 피상속인을 9개월 간병한 배우자의 경우 20% 인정

② 피상속인의 조카가 독일에 있는 피상속인의 자녀들을 대신하여 국내에서 암투병을 하는 피상속인의 간병을 전담하였고, 피상속인이 자신의 장례를 치러줄 것을 요청하였으며 대부분의 재산을 조카에게 유증하였으나 유언으로서의 효력이 인정되지 아니한 경우 조카의 기여분 25% 인정

③ 피상속인의 자녀 4명 중 한 명이 20년 동거하며 상속재산 부동산의 공사비 및 임대차보증금 반환을 부담하였고, 자녀의 배우자(며느리)는 피상속인을 잘 모셔서 효행상을 받은 바 있는 경우 그 자녀의 기여분 30% 인정

④ 피상속인의 자녀 3명 중 한 명이 45년간 동거 및 부양하며 모든 비용을

부담하였고, 사망 전 3년간 치매 간병까지 한 경우 기여분 50% 인정

⑤ 배우자가 세차장, 화물운송업 등을 하면서 상속재산 매수에 경제적 기여를 크게 하였고, 배우자의 소득으로 상속재산 담보대출금 및 피상속인의 병원비를 충당한 경우 배우자의 기여분 60% 인정

⑥ 피상속인은 특별한 소득이 없고, 배우자의 수입으로 생활비 및 상속재산 매입자금을 마련하여 피상속인 명의로 취득하게 한 경우 배우자의 기여분 85% 인정

⑦ 피상속인의 자녀 한 명이 홀로 피상속인을 부양하였고 다른 자녀들은 전혀 부양하지 않은 사안에서 유일한 상속재산인 토지의 기여분을 100% 인정

⑧ 배우자가 피상속인과 20년 이상 상속재산에서 동거하며 간호하였고, 해당 상속재산을 피상속인에게 증여하였고, 생활비 및 치료비를 모두 부담하였으나 다른 상속인들은 피상속인과 교류가 없었던 경우 배우자에게 기여분 100% 인정

이러한 법원의 사례들을 종합하면 동거기간, 부양부담, 간병기간, 상속재산의 규모, 상속재산 취득자금 출처, 상속재산 유지관리, 다른 상속

인들의 기여정도 등을 판단기준으로 보고 있기 때문에 이러한 항목과 관련한 증거자료를 수집하는 것이 중요하고, 무엇보다 하루아침에 그러한 증거자료가 형성되지 않기 때문에 기여분을 고려한 기여 항목들을 장기간 꾸준히 준비하는 것이 정답이라고 하겠습니다.

　만약 절세 차원에서 기여분을 바라본다면 어떨까요? 아내에게 기여분을 많이 주는 것으로 공동상속인들이 협의를 하고 이러한 기여분을 총 상속재산가액에서 공제하거나 배우자 공제의 범위에 포함시켜 준다면 대부분의 상속에서 기여분은 엄청나게 많이 활용될 것입니다. 그렇기 때문에 과세관청 입장에서는 절대로 인정해 주지 않을 것입니다. 결국 기여분이라는 것은 과세관청과의 관계가 아니라 공동상속인들과의 관계에서 상속재산지분을 정하는 개념이기 때문에 총상속재산에서 기여분을 공제하지도 않지만, 배우자 공제에서도 인정되지 않는다고 보시면 됩니다.

💰 유류분과 유류분반환청구소송

　피상속인이 상속재산을 상속인 중 한 명이나 상속인이 아닌 제3자에게 유언이나 사전증여로 상속인들의 상속분을 침해하는 수준으로 나누어 준다고 하더라도 상속인들이 보호받을 수 있는 최소한의 상속분이 바로 "유류분"이고 이러한 유류분이 침해된 경우 유류분 비율만큼 상속재산의 반환을 청구할 수 있는 것이 "유류분반환청구소송"입니다.

민법 제1112조(유류분의 권리자와 유류분)

상속인의 유류분은 다음 각 호에 의한다. 〈개정 2024. 9. 20.〉

1. 피상속인의 직계비속은 그 법정상속분의 2분의 1

2. 피상속인의 배우자는 그 법정상속분의 2분의 1

3. 피상속인의 직계존속은 그 법정상속분의 3분의 1

4. 삭제 〈2024. 9. 20.〉

제1113조(유류분의 산정)

① 유류분은 피상속인의 상속개시시에 있어서 가진 재산의 가액에 증여재 산의 가액을 가산하고 채무의 전액을 공제하여 이를 산정한다.

② 조건부의 권리 또는 존속기간이 불확정한 권리는 가정법원이 선임한 감 정인의 평가에 의하여 그 가격을 정한다.

현재 민법에서 정하고 있는 유류분은 직계비속과 배우자의 경우 법정 상속분의 1/2, 직계존속은 1/3입니다. 형제자매의 1/3은 2024년에 삭 제되었습니다. 예를 들어 남편이 아내가 밉다고 하나뿐인 딸에게만 전 재산 10억을 증여하고 사망한 경우에 아내는 자신의 법정상속분 3/5(6 억)의 1/2인 3억을 유류분으로 주장할 수 있습니다.

유류분권자가 기존에 받은 특별수익액과 상속받은 금액을 합하여 유 류분에 미달하는 경우에는 그 부족분에 대하여 증여 및 유증을 받은 자 에게 반환을 청구할 수 있고, 이러한 자가 수인인 때에는 각자가 얻은 유 증가액의 비례로 반환하여야 합니다. 위 사례에서 아들이 하나 더 있고 전 재산 10억을 아들과 딸에게 각 5억씩 증여하였다면 아들과 딸은 1:1 의 비율로 아내에게 3억을 반환해야 하므로 결국 아내는 자신의 아들로 부터 1.5억, 딸로부터 1.5억을 유류분반환청구를 통해 돌려받을 수 있습니다.

　이러한 유류분반환청구는 상속재산분할과도 밀접한 관련이 있는데, 상속재산분할이 완료되어야 최종적으로 상속인의 상속분이 어느 정도 인지 알 수 있기 때문에 상속재산분할 결과 특별수익과 상속받은 금액 을 합산해도 유류분에 미치지 못하는 경우에만 유류분반환청구소송을 제기할 필요가 있을 것입니다.

　참고로 상속세 신고와 유류분반환청구에 있어 재산 가액 평가 시점이 다릅니다. 상속세는 상속개시 전 10년 이내 증여분을 상속재산에 모두 합산하는데, 증여 시점의 재산 가액으로 평가합니다. 그러니 가격이 오 르기 전에 미리 증여하면 상속세가 적게 나오는 것입니다. 하지만 유류 분 판단에 있어서 재산 가액 평가는 증여 시점이 아니라 상속 개시 시점 을 기준으로 합니다. 그러니 증여 시점에는 가치가 없는 재산이었을지 라도 향후 상속이 개시되는 시점에 가격이 폭등한 부동산과 같은 경우 에는 유류분반환청구소송이 일어날 수밖에 없습니다.

제1114조(산입될 증여)

증여는 상속개시전의 1년간에 행한 것에 한하여 제1113조의 규정에 의하 여 그 가액을 산정한다. 당사자 쌍방이 유류분권리자에 손해를 가할 것을 알고 증여를 한 때에는 1년전에 한 것도 같다.

제1117조(소멸시효)

반환의 청구권은 유류분권리자가 상속의 개시와 반환하여야 할 증여 또는 유증을 한 사실을 안 때로부터 1년내에 하지 아니하면 시효에 의하여 소멸한다. 상속이 개시한 때로부터 10년을 경과한 때도 같다.

다만 상속은 시간싸움이라는 말이 있습니다. 유류분의 경우에도 "상속개시전의 1년간에 행한 증여"이어야 하고 이러한 "사실을 안 날로부터 1년내"에 청구를 해야 하는 큰 시간적 제약이 존재합니다. 그리고 자신의 상속을 "포기"한 상속인은 법정상속분뿐만 아니라 유류분도 청구할 수 없다는 사실을 알아야 합니다.

그리고 중요한 부분이니 별도로 제1114조를 설명해 드리겠습니다. 만약 아들과 딸의 경우라면 "공동상속인 중에 피상속인으로부터 재산의 생전 증여에 의하여 특별수익을 한 자가 있는 경우에는 민법 제1114조의 규정은 그 적용이 배제되고, 따라서 그 증여는 상속개시 1년 이전의 것인지 여부, 당사자 쌍방이 손해를 가할 것을 알고서 하였는지 여부에 관계없이 유류분 산정을 위한 기초재산에 산입"(대법원 1996. 2. 9. 선고 95다17885 판결)됩니다. 즉 공동상속인에 대한 증여는 상속개시 1년 이전의 것이라도 언제든지 유류분 산정을 위한 기초재산에 포함됩니다.

그러나 아들과 딸이 아니라 늘 아끼던 조카(공동상속인이 아닌 제3자)에게 전 재산 10억을 주고 떠난 경우를 가정한다면 민법 제1114조가 적용되어 증여 후 1년이 지난 시점에서 피상속인이 사망한 경우 유류분반환청구의 대상이 되지 못합니다. 만약 아버지가 전 재산을 공익단체에 기부하고 1년이 지난 후에 돌아가셨다면 자식들은 한 푼도 찾아 올 수 없습니다.

하지만 민법은 "당사자 쌍방이 유류분권리자에 손해를 가할 것을 알고 증여를 한 때에는 1년전에 한 것도 같다."라고 하여 "공동상속인이 아닌 제3자에 대한 증여"가 상속개시 1년 전에 한 것이라도 증여자와 수증자가 증여 당시에 유류분권리자에 손해를 가할 것을 알고 증여한 경우에는 그에 대한 유류분반환청구가 허용되도록 하고 있습니다.

이에 대하여 법원은 "손해를 가할 것을 알고"라는 의미에 대하여 "증여 당시 법정상속분의 2분의 1을 유류분으로 갖는 배우자나 직계비속이 공동상속인으로서 유류분권리자가 되리라고 예상할 수 있는 경우에, 제3자에 대한 증여가 유류분권리자에게 손해를 가할 것을 알고 행해진 것이라고 보기 위해서는, 당사자 쌍방이 증여 당시 증여재산의 가액이 증여하고 남은 재산의 가액을 초과한다는 점을 알았던 사정뿐만 아니라, 장래 상속개시일에 이르기까지 피상속인의 재산이 증가하지 않으리라는 점까지 예견하고 증여를 행한 사정이 인정되어야 한다."(대법원 2023. 6. 15. 선고 2023다 203894 판결)고 판단하고 있습니다.

💰 생명보험 수익자를 상대로 유류분반환청구가 가능할까요?

> 결혼도 하지 않고 고아처럼 살던 피상속인이 사망하였다는 소식을 사촌오빠가 전해 들었습니다. 피상속인이 생전에 사망보험을 두 개 가입을 하였다는 사실을 알게 되는데 피보험자는 피상속인 자신이고 보험수익자는 하나는 사촌오빠로 되어 있고, 하나는 생면부지의 남자한 명으로 되어 있다고 합니다. 이러한 경우 그 남자를 상대로 사촌오빠가 유류분반환청구소송을 할 수 있을까요?

실제로 자문을 요청받았던 사례입니다. 본 사안에서 "보험수익자 지정 시점"이 피상속인 사망일로부터 1년 이내일 경우와 1년 전이라도 보험계약 체결 시점에 상속인들의 유류분을 침해한다는 사실을 피상속인과 보험수익자가 알고 있었다면 유류분반환청구의 대상이 됩니다. 다만 보험수익자 지정 당시 전체 상속 재산가액과 비교하여 유류분 권리자들의 유류분액을 침해한다는 사실을 피상속인과 보험수익자가 모두 인지하고 있었음을 유류분 권리자들이 입증을 해야 합니다.

대법원 판례를 살펴보면 "피상속인이 자신을 피보험자로 하되 공동상속인이 아닌 제3자를 보험수익자로 지정한 생명보험계약을 체결하거나 중간에 제3자로 보험수익자를 변경하고 보험회사에 보험료를 납입하다 사망하여 그 제3자가 생명보험금을 수령하는 경우, 피상속인은 보험수익자인 제3자에게 유류분 산정의 기초재산에 포함되는 증여를 하였다고 봄이 타당하다. 또한 공동상속인이 아닌 제3자에 대한 증여이므로 민법 제1114조에 따라 보험수익자를 그 제3자로 지정 또는 변경한 것이 상속개시 전 1년간에 이루어졌거나 당사자 쌍방이 그 당시 유류분권리자에 손해를 가할 것을 알고 이루어졌어야 유류분 산정의 기초재산에 포함되는 증여가 있었다고 볼 수 있다.(대법원 2022. 8. 11. 선고 2020다247428 판결)"라고 기준을 제시하고 있습니다.

5

유언

💰 유언의 방식

우리나라 민법은 자필증서, 녹음, 공정증서, 비밀증서, 구수증서와 같은 5가지 방식의 유언만을 인정하고 있습니다. 유언은 매우 엄격한 요식행위이자 단독행위이므로 법에서 인정한 방식으로만 해야 합니다.

알아두기

① 자필증서 : 유언자가 그 전문과 연월일·성명·주소를 스스로 쓰고 날인해야 합니다.

② 녹음 : 유언자가 유언의 취지 및 성명과 연월일을 구술하고, 이에 참여한 증인이 유언의 정확함과 그 성명을 구술하여 그 내용을 녹음하는 방식입니다.

③ 공정증서 : 유언자가 증인 2인이 참여한 공증인의 면전에서 유언의 취지를 구수하고 공증인이 이를 필기낭독하여 유언자와 증인이 그 정확함을 승인한 후 각자 서명 또는 기명날인 하여야 합니다.

④ 비밀증서 : 유언자가 필자의 성명을 기입한 증서를 엄봉날인하고 이를 2인이상의 증인의 면전에 제출하여 자기의 유언서임을 표시한 후 그 봉서 표면에 제출 연월일을 기재하고 유언자와 증인이 각자 서명 또는 기명

날인 하여야 합니다. 그 유언봉서는 그 표면에 기재된 날로부터 5일내에 공증인 또는 법원서기에게 제출하여 그 봉인상에 확정일자인을 받아야 합니다.

⑤ 구수증서 : 질병 기타 급박한 사유로 인하여 앞선 네 가지 방식에 의할 수 없는 경우에 유언자가 2인이상의 증인의 참여로 그 1인에게 유언의 취지를 구수하고 그 구수를 받은 자가 이를 필기낭독하여 유언자의 증인이 그 정확함을 승인한 후 각자 서명 또는 기명날인하여야 합니다. 그 증인 또는 이해관계인이 급박한 사유의 종료한 날로부터 7일내에 법원에 그 검인을 신청하여야 합니다.

"자필증서"의 경우 인감도장일 필요가 없고 지장도 가능하여 작성은 쉬우나, 사망 후 상속인 전원이 참여하는 가정법원의 검인절차를 거쳐야 하고, 그 과정에서 일부라도 이의를 하는 경우에는 유언이행청구소송이나 유언장효력확인청구소송을 거쳐야 합니다. 또한 친필 여부에 대한 법적 분쟁이 이루어지는 경우 필적감정 등이 이루어집니다. 전문과 연월일·성명·주소 중 일부라도 누락하는 경우 무효 처리되고, 컴퓨터로 작성된 문서에 날인하는 경우에도 자필로 인정되지 않습니다. 나이가 들면서 유언자의 필체가 변화하거나 유언장을 발견한 상속인이 자신에게 불리하다는 이유로 유언서를 위조·변조·파기 또는 은닉하는 등으로 상속 결격자가 되는 등 분쟁에 취약하다는 단점이 있습니다.

"녹음"의 경우 미성년자·피성년후견인·피한정후견인, 유언으로 이익을 받을 자 및 그 배우자와 직계혈족 등은 유언의 증인이 될 수 없습니다. 증인은 유언의 정확함과 자기의 성명을 구술할 수 있고, 유언자의 동일성을 확인할 수 있을 정도의 청취능력과 이해·구술능력을 가지고 있어야 합니다. 녹음도 법원의 검인 절차를 거쳐야 합니다.

"공정증서"의 경우 공증 수수료가 발생하고, 증인을 두 명이나 구해야 하므로 번거로운 방식이나 유언의 확실성이 담보되어 향후 법적 분쟁의 가능성이 상당히 낮아집니다. 그래서 법원의 검인절차도 필요로 하지 않습니다. 하지만 공정증서로 하는 경우에도 유언자가 유언집행자를 정해두지 않았다면 상속인들 전원이 유언집행자가 되기 때문에 분쟁의 소지가 남습니다. 이 때문에 반드시 공정증서에 유언집행자 1인을 특정하여 유언집행까지 분쟁 없이 신속하게 이루어지게 할 필요가 있습니다.

"비밀증서"의 경우 자필증서와 달리 컴퓨터로 작성된 문서도 상관이 없습니다. 증인들은 유언서를 보는 것이 아니라 유언서가 담긴 봉투를 보고 그 봉투에 서명 또는 기명날인을 하는 방식입니다. 그러므로 유언의 내용은 증인들에게 공개되지 않습니다. 이 경우에도 법원의 검인 절차는 필수입니다. 봉투에 한 확정일자부여문서는 공증인 사무소나 법원에서 이를 별도로 보관하지 아니하여 증서가 멸실, 훼손될 우려가 있다는 단점이 있어 실무상 활용도가 떨어집니다.

"구수증서"의 경우 자필증서, 녹음, 공정증서, 비밀증서로 하기 어려울 만큼의 급박한 사유가 존재해야 합니다. 이 정도가 되려면 유언자의 사망이 임박했거나 질병 등으로 인해 위독한 상태인데, 이러한 상태에서 정상적인 의사능력이 있다고 볼 것인지는 추후 법원의 판단사항이 될 것입니다.

법원의 검인절차는 개봉을 하고 검인에 관한 조서를 작성한 후 조서에 제출자의 성명과 주소, 제출 및 개봉과 검인의 일자, 참여인의 성명과 주소, 심문한 증인, 감정인, 상속인, 그 밖의 이해관계인의 성명, 주소와 그 진술의 요지, 사실조사의 결과를 기재하고 판사와 법원사무관 등이 기명날인하는 방식입니다. 결국 유일하게 법원의 검인 절차를 거치지 않고 분쟁의 가능성이 낮은 공정증서의 방식이 비용은 조금 들지만, 실무에서 가장 많이 쓰일 수밖에 없습니다.

💰 유언의 활용

    피상속인이 생전에 상속재산의 분할에 관련한 아무런 준비를 해두지 않았다면 앞서 살펴본 바와 같이 상속인들은 상속재산분할 및 유류분과 관련한 협의 및 분쟁에 노출되어 있을 것입니다. 하지만 생전에 미리 유언장을 준비해 둔다면 분쟁의 가능성은 확실히 줄어들 수 있습니다.

    상속재산들을 상속인들의 법정상속분에 맞추어 딱 떨어지도록 분할하기는 힘들 것입니다. 아파트는 누구 주고, 임대수익이 나는 상가는 누구 주는 등의 현물분할의 경우에는 더욱 그러할 것입니다. 하지만 법정상속분과는 조금씩 차이가 나더라도 유언을 할 때 상속인들의 유류분권을 침해하지 않는 범위 내에서 미리 상속재산을 분할해준다면 상속인들 사이에서 유류분반환청구소송이 일어나는 일은 없을 것입니다. 만약 유류분권을 조금 침해하는 일이 있더라도 "안 날로부터 1년"이라는 짧은 시효기간으로 인하여 유류분반환청구권을 행사하지 못하여 분쟁의 소지가 사라지는 경우도 염두에 둘 수 있습니다.

    하지만 유언장 작성 이후 사망 시까지 경기 변동에 따라 현물의 가격이 상승 또는 하락하는 경우가 있을 수 있는데 이러한 경우에는 상속인들의 유류분권이 침해되는 결과가 나타날 수도 있습니다. 이러한 경우에는 유언을 "변경" 하거나 "철회"하고 다시 하면 됩니다. 유언은 언제든 철회할 수 있기 때문에 철회에 관련한 문서를 남기고 다시금 다섯 가지 방식에 따른 유언을 하면 됩니다. 만약 철회에 관련한 문서를 남기지 않고 선행 유언과 충돌하는 후행 유언을 남기면 충돌하는 범위 내에서 선행 유언을 철회하고 후행 유언을 다시금 하였다는 해석이 필요하게 됩니다.

💰 치매와 유언

아내와 사별한 아버지가 치매가 걸린 상태인데, 요양원에서 지극정성
으로 간병을 10년째하고 있는 연인이 있습니다. 아들과 딸은 1년에 한
두 번 정도 방문하는 불효자들입니다. 아버지가 사망하기 2년 전 재
산을 연인에게 주는 유언을 남겼고, 이후 사망하셨다면 자식들은 치
매 아버지의 유언이 무효라고 주장할 수 있을까요?

드라마의 단골 소재로 쓰일 사례입니다. 변호사가 연인을 변호하느냐,
자식들을 변호하느냐에 따라 변론방법이 다릅니다.

만약 불효자들이 아닌 아버지를 지극정성으로 모신 연인을 변호한다
는 전제하에 설명해 드리자면, 첫째, 공정증서에 의한 유언을 이용하시
고, 둘째, 유언 당시 정신과의사의 소견서를 확보하시라고 상담해 드릴
수 있겠습니다. 유언의 효력을 단단하게 만들기 위한 작업인데, 특히나
자식들이 아버지의 치매를 문제 삼아 유언 당시 의사능력이 유언의 효
력을 인지하지 못할 정도라는 주장을 해 올 것이기 때문에 이를 대비하
는 것입니다.

즉 자식들의 입장에서는 아버지가 사망한 시점으로부터 1년 이전에 이루어진 제3자에 대한 유증은 유류분반환청구소송의 대상이 되지 못하기 때문에 상속재산분할심판청구를 하면서 분할의 전제가 된 유언을 할 당시 아버지가 유언능력이 없었으므로 유언이 무효라는 유언무효확인 소송을 제기할 수밖에 없습니다.

이 경우에 핵심은 치매 치료를 받고 있었다고 하더라도 상태가 양호한 시점에서 유언장을 작성하였는지 여부가 될 것입니다. 유언 당시 정신과의사를 통해 진단을 받고 유언의 내용을 이해하고 인지할 수 있는 능력이 있었다는 소견서를 확보한다면 향후 자식들로부터 유언무효확인 소송을 당하더라도 이를 방어할 수 있을 것입니다. 또한 유언의 방식 중에서 가장 분쟁의 소지가 적은 공정증서에 의한 유언장으로 유언을 해 둔다면 유언의 형식적으로도 자식들이 문제 삼을 수 있는 여지가 확실히 줄어들게 될 것입니다.

사안을 급반전시켜서 아버지의 치매를 이용해 아버지를 가스라이팅하고 전 재산을 빼앗으려는 나쁜 연인이 있다면 그러한 연인으로부터 아버지의 재산을 지켜내는 것이 자식들의 역할일 것입니다. 이런 경우 자식들을 변호하는 변호사라면 유언 당시 치매의 정도가 유언능력이 없을 정도로 심각했다는 점을 증명하는 것이 방법인데, 요양원 치료기록들을 확인한다던지, 치매진단기록 상으로 중증 치매에 해당한다던지, 치매검사결과 자료 등을 통해 언어능력, 인지능력 등 정신건강 상태를 입증하는 방법들을 사용해 볼 수 있겠습니다. 반혼수 상태에서 이루어진 공정 증서에 의한 유언이 무효가 된 사례도 존재합니다.

　아니면 미리 성년후견을 신청해서 아버지가 연인에게 임의로 전 재산을 유증할 수 없도록 해두는 방법도 있을 것입니다. 성년후견이 개시되면 아버지가 남긴 유언은 의사능력이 회복된 상태임을 의사가 유언서에 부기하고 서명 날인한 경우에만 유효가 됩니다. 즉 성년후견이 개시된 후에는 단순히 의사능력이 있었는지의 논쟁이 아니라 요건이 추가되기 때문에 그러한 요건을 갖추지 못한 경우에는 자식들이 유언의 무효를 주장할 수 있습니다.

💰 임의후견계약

알아두기

"임의후견계약"이란 질병, 장애, 노령 등의 사유로 성인이 자신의 사무를 처리할 능력이 부족한 상황에 있거나 부족하게 될 상황에 대비하여 자신의 재산관리 및 신상보호에 관한 사무의 전부 또는 일부를 임의후견인에게 위탁하고 그 위탁사무에 대하여 대리권을 수여하는 계약입니다.

"임의"라는 단어는 "법정"과 대비되는 말로서 "법정후견"은 본인이 스스로 정하는 것이 아니라 법원의 심판으로, 법에 정한 대로 후견인이 정해지는 것인데, "임의후견"은 자신이 스스로 계약을 체결하여 미리 대리권을 수여해 두는 계약이라는 점이 차이점입니다.

이러한 임의후견계약은 공증을 통해서 진행해야 하고, 임의후견인이 후견계약을 법원에 등기해야 합니다. 가정법원이 임의후견감독인을 선임하면 그때부터 효력이 발생합니다. "임의후견감독인"은 임의후견인이 권한을 남용하여 사리사욕을 채우는지 감독하는 역할을 수행합니다.

임의후견계약은 재산관리나 신상보호에 관한 사무를 믿을 만한 임의후견인을 통해 처리할 수 있고, 임의후견인의 사무가 법원의 감독하에 이루어지므로 주변인들이 피후견인의 재산을 임의로 처분하는 등의 행위를 막을 수 있습니다.

6

사전증여와
절세전략

💰 상속과 사전증여 중 어느 방식이 유리한가요?

알아두기

① 가격상승이 확실한 부동산은 하루라도 빨리 사전증여를 선택하십시오!

② 사전증여 후 10년 이상 살 자신이 있다면 사전증여를 선택하십시오!

③ 상속재산가액이 상속공제 이내에 해당하는 경우에는 상속을 선택하십시오!

피상속인이 사망할 때 상속세를 내고 재산을 물려받는 것과 사전증여로 미리 물려받는 것 중에서 어느 것이 절세 측면에서 유리한 것인지의 문제가 상속세를 공부할 때 가장 궁금한 부분일 것입니다.

간단한 결론을 말씀드리자면 사전 증여가 사망 전 10년 이전에 이루어진 경우에는 상속재산에 합산이 되지 않기 때문에 절세 측면에서 매우 유리합니다. 만약 사망 전 10년 내에 이루어진 경우라면 사전증여된 재산은 상속재산에 포함되고 미리 납부한 증여세는 상속세에서 차감될 것입니다.

무엇보다 강남에 있는 아파트처럼 우상향을 그리며 가격이 지속적으로 상승할 것으로 예측되는 상속재산은 하루라도 쌀 때 사전증여를 통해 재산을 물려주는 것이 피상속인이 사망할 때까지 기다렸다가 가격이 오를 만큼 오른 금액으로 상속세를 내는 것보다는 훨씬 더 절세방안으로 유리하다는 것입니다.

만약 상속공제를 받을 수 있는 한도가 커서 상속세를 거의 내지 않을 수 있는 경우에는 사전증여로 인한 증여세를 부담할 이유가 없습니다. 상속을 통해 상속공제를 최대한 활용하여야 합니다. 하지만 상속인들 중 특별히 더 챙겨주고 싶은 상속인이 있을 때 사전증여를 통하게 되면 상속공제가 안 되는 불편함이 있습니다. 이런 경우에는 상속공제도 받고 특별히 한 상속인만 더 챙겨줄 수도 있는 "유증(유언에 의한 증여) 방식"을 이용하는 것이 적절할 것입니다.

⑤🪙 적정사전증여비율[1]

  상속을 준비하고 있는 많은 피상속인들은 모든 재산을 다 상속으로 물려줄 생각을 하고 있지는 않을 것입니다. 그렇다고 해서 앞서 살펴본 바와 같이 사망 전 10년 이전에 이루어지는 증여가 절세가 된다는 이유로 모든 재산을 상속인들에게 증여해 주고 빈털터리로 10년 이상을 살 수도 없을 것입니다. 그래서 피상속인의 전 재산을 기준으로 사전증여 할 부분과 상속을 통해 물려줄 재산을 어느 정도 비율로 할 것인지, 사전증여는 어느 시점에 어느 정도의 규모로 해야 할 것인지를 결정해야 합니다. "적정사전증여비율(Golden Ratio)"이란 관련 세금을 최소화하는 적정 사전증여금액을 본인의 총재산으로 나눈 값을 말합니다. 재산규모별로 보면 아래와 같은 기준이 도출됩니다.(배우자 공제 5억, 일괄공제 5억을 가정하고, 전 재산을 상속세로 납부하는 경우와 비교하여 절세효과를 계산한 것입니다.)

알아두기

≫ 사전증여를 10년 단위로 1차례 실시하는 경우

① 100억 자산가는 60%인 60억을 증여하고, 40%인 40억을 상속으로 가는 경우 9.3억 절세효과(세금 23.8% 감소)를 가져온다. 즉 100억 자산

---

1) "2026 상속을 지금 준비하라", 나철호, 샘앤북스

가의 적정사전증여비율은 6:4이다.

② 50억 자산가는 50%인 25억을 증여하고, 50%인 25억을 상속으로 가는 경우 3.5억 절세효과(세금 23.4% 감소)를 가져온다. 즉 50억 자산가의 적정사전증여비율은 5:5이다.

③ 30억 자산가는 40%인 12억을 증여하고, 60%인 18억을 상속으로 가는 경우 2.4억 절세효과(세금 39.1% 감소)를 가져온다. 즉 30억 자산가의 적정사전증여비율은 4:6이다.

④ 20억 자산가는 30%인 6억을 증여하고, 70%인 14억을 상속으로 가는 경우 0.9억 절세효과(세금 37.5% 감소)를 가져온다. 즉 20억 자산가의 적정사전증여비율은 3:7이다.

알아두기

≫ 사전증여를 10년 단위로 2차례 실시하는 경우

① 100억 자산가는 40%인 40억씩 2차례 증여하고, 20%인 20억을 상속으로 가는 경우 12.8억 절세효과(세금 33% 감소)를 가져온다. 즉 100억 자산가의 적정사전증여비율은 4:4:2이다.

② 50억 자산가는 30%인 15억씩 2차례 증여하고, 40%인 20억을 상속으로 가는 경우 6.8억 절세효과(세금 46% 감소)를 가져온다. 즉 50억 자산가의 적정사전증여비율은 3:3:4이다.

③ 30억 자산가는 25%인 7.5억씩 2차례 증여하고, 50%인 15억을 상속으로 가는 경우 3.2억 절세효과(세금 52% 감소)를 가져온다. 즉 30억 자산가의 적정사전증여비율은 2.5:2.5:5이다.

④ 20억 자산가는 20%인 4억씩 2차례 증여하고, 60%인 12억을 상속으로 가는 경우 1.3억 절세효과(세금 54% 감소)를 가져온다. 즉 20억 자산가의 적정사전증여비율은 2:2:6이다.

결론적으로는 많은 상속재산을 물려주어야 하는 경우에는 사전증여의 비율을 높이는 것이 좋고, 상속재산이 많지 않은 경우에는 사전증여보다는 상속비율을 높이는 것이 절세방안으로 효과적이라고 볼 것입니다.

💰 증여재산가액 산정 방법

증여세 산정을 위한 증여재산의 가액은 시가 평가가 원칙입니다. 그리고 특정 재산을 대가를 치르고 사는 경우 이는 민법상 매매에 해당하여 증여세 과세대상이 되지 않아야 하지만 그 대가가 시가에 미치지 못하는 경우에 과세관청은 증여재산가액으로 일부를 산정하게 됩니다. 즉 재산 또는 이익을 현저히 낮은 대가를 받고 이전시키거나 현저히 높은 대가를 주고 이전받는 경우에는 시가와 그 대가의 차액을 증여로 봅니다. 다만 시가와 대가의 차액이 3억원 이상이거나 시가의 30% 이상인 경우에 한정됩니다.

결국 증여세를 최소화하기 위한 방법을 선택한다면 단순히 증여를 하는 것이 아니라 "매매"를 이용하는 것이 좋습니다. 아버지의 시가 10억 상당의 부동산은 아들에게 7억으로 "저가 매도"하는 방식이나 아들의 시가 7억상당의 부동산을 아버지가 10억에 사들이는 "고가 매수" 방식이 증여세가 과세되지 않으면서 3억을 아들에게 증여하는 방법인 것입니다. 3억을 그냥 증여하면 증여세를 내야하지만 이렇게 하는 경우에는 3억에 대한 증여세를 내지 않는 절세 전략이 가능한 것입니다.

여기서 주의할 점은 "저가 매도"를 예를 들어 설명하자면, 당연히 아들이 7억을 직접 지급하고 저가 매수를 하는 실제 거래관계가 존재하여야 합니다. 아들의 매입자금 7억에 대한 출처증빙이 가능하다는 전제가 필요한 것입니다. 이렇게만 되면 저가 매도에 대한 차액 3억에 대해 증여세를 내지 않게 되고, 아버지가 최초 매입가액이 7억이었다면 아버지의 양도세도 발생하지 않으며, 매매이므로 증여세 이슈가 없고, 향후 아버지가 돌아가실 때에 상속재산에서 해당 부동산은 빠지게 되므로 상속세 이슈도 없어집니다. 다만 아버지가 받은 매각대금 7억이라는 현금을 상속개시가 일어나기 전까지 어떻게 관리를 잘하여 상속세를 절세할 수 있는지의 문제만 남게 됩니다.

🪙 기여에 의한 재산가치 증가

증여재산가액 산정 방법 중 유의해야 할 부분이 바로 "기여에 의한 재산가치 증가"를 증여로 보는 것입니다. 즉 재산 취득 후 재산가치 증가에 따른 이익을 증여로 보는 것이 바로 "기여에 의한 재산가치 증가" 부분입니다.

증여로 보기 위해서는 ① 자력으로 재산을 취득할 수 있는 능력이 없다고 판단되는 사람이 수증자인데, ② 특수관계인이 재산을 증여하거나, 특수관계인으로부터 공표되지 않은 기업의 내부 정보를 제공받아 그와 관련된 재산을 유상으로 취득하거나, 특수관계인으로부터 차입한 자금 또는 특수관계인의 재산을 담보로 차입한 자금으로 재산을 취득한 경우로서, ③ 개발사업의 시행, 형질 변경, 공유물 분할, 지하수 개발·이용권 등의 인허가 또는 비상장 주식의 한국금융투자협회에의 등록 또는 이와 유사한 사유로 재산가치가 증가해야 합니다.

즉 수증자가 별다른 노력 없이 증여자의 덕으로 증여재산의 가치가 증가했다고 볼 수 있는 경우에는 이러한 가치 증가를 증여로 보아 과세를 하겠다는 것입니다. 다만 "재산가치상승금액"이 "(해당 재산의 취득가액 + 통상적인 가치 상승분 + 가치 상승 기여분) × 30%의 금액"과 "3억 원" 중 적은 금액 이상일 경우에만 증여세를 과세합니다.

여기서 "재산가치상승금액"이란 "재산가치증가사유 발생시점의 재산 가액 – (해당재산의 취득가액 + 통상적인 가치 상승분 + 가치 상승 기여 분)"을 말하며 이러한 상승금액을 증여재산가액으로 봅니다.

주의해야 할 점은 "가치 상승 기여분"이라는 단어의 의미인데, 문언적 의미만 놓고 보자면 가치 상승의 기여분이니 이 부분만 과세를 해야 할 것인데 해당 재산가액에서 빼기를 한다는 것이 언뜻 이해가 안 될 수가 있습니다. 하지만 여기서 말하는 가치 상승 기여분이란 개발사업의 시 행, 형질 변경, 사업의 인허가 등에 따른 자본적지출액 등 "해당 재산의 가치를 증가시키기 위하여 지출한 금액"을 의미하므로 이를 차감하는 것이 증여의 대상이 되는 재산가치상승금액을 계산하는 방법이 되는 것 입니다.

💰 증여재산의 반환과 재증여

수증자가 증여를 받은 후에 다시금 증여자에게 해당 재산을 돌려주었다면 이는 증여재산의 반환일까요? 아니면 또 다른 증여일까요? 증여세 신고는 증여일이 속하는 달의 말일부터 3개월 이내(상속세는 상속개시일이 속하는 달의 말일부터 6개월 이내)에 해야 합니다. 이에 따라 아래의 세 가지 경우를 나누어 볼 수 있습니다.

알아두기

① 증여세 과세표준 신고기한(3개월) 이내에 증여자에게 반환하는 경우 : 처음부터 증여가 아닌 것으로 보아 최초 증여 및 반환 모두 증여세가 과세되지 않습니다.

> ● 다만 금전은 제외되므로 최초 증여 및 반환 모두 증여세가 부과된다는 사실에 각별히 주의해야 합니다. 이러한 억울한 상황을 면하기 위해서는 금전 차용의 근거로 소비대차계약서 및 이자지급을 통해 금전 차용 및 변제로 구성하는 것이 특수관계자 사이에서는 필요합니다.

> ● 또한 신고기한 이내라고 하더라도 과세관청에서 이미 과세표준 및 세액결정을 받았다면 증여세가 과세될 수 있습니다.

✅ 증여세는 과세되지 않더라도 각각의 취득세는 과세됩니다.

② 증여세 과세표준 신고기한 경과 후 3개월 이내에 반환한 경우 : 최초의 증여는 증여로 인정되어 증여세가 과세되나, 반환의 경우에는 증여세가 부과되지 않습니다.

③ 증여세 과세표준 신고기한 경과 후 3개월 이후에 반환한 경우 : 최초 증여와 반환 모두 별개의 증여로 보아 각각 증여세가 과세됩니다.

💲 증여자의 증여세 연대납부의무

 상증법(상속증여세법)은 아래의 세 가지 경우에 증여자도 연대하여 증여세 납부의무를 부과하고 있습니다. 그리고 수증자가 증여세를 낼 자금이 없어 증여자가 대신 증여세를 내주게 되면 이 또한 증여가 되므로 증여세를 추가로 내야 합니다. 그러므로 증여 플랜을 짤 경우에는 수증자의 증여세 부담 능력을 미리 체크해야 합니다.

 이는 상속인들 간에 상속세를 연대납부하는 경우와 차이가 있습니다. 즉 아버지 돌아가시고 어머니께서 상속세를 전부 납부하더라도 자녀들의 상속비율에 따른 상속세 부분에 대해 증여를 한 것으로 보지 않습니다. 그러므로 어머니께서 상속세를 전부 납부한다면 자녀들에게 각 비율에 따른 상속세만큼을 세금 없이 증여할 수 있는 방법이 되는 것입니다.

⚠️ **주의할 점**

1. 수증자의 주소나 거소가 분명하지 아니한 경우로서 증여세에 대한 조세채권을 확보하기 곤란한 경우
2. 수증자가 증여세를 납부할 능력이 없다고 인정되는 경우로서 강제징수를 하여도 증여세에 대한 조세채권을 확보하기 곤란한 경우
3. 수증자가 비거주자인 경우

💰 증여 공제를 활용한 증여 플랜 짜기

증여는 상속과는 달리 증여받는 사람의 수를 늘리면 증여세는 줄어들게 되어 있습니다. 아들에게 4억을 증여를 하는 것보다는 아들과 며느리에게 각 2억씩 증여하는 것이 증여세가 확연히 줄어듭니다. 다만 아들과 며느리가 이혼을 한다면 며느리의 특유재산으로 재산분할의 대상이 되지 않는 안타까운 측면은 있습니다. 만약 아들이 4억 상당의 부동산을 증여받아 10년간 결혼생활을 했다면 아내의 가사 노동만으로 재산의 유지 및 관리에 간접기여로 보아 재산분할의 대상이 될 가능성은 상당히 높습니다. 그러므로 어차피 이혼하면 며느리에게 나누어 줘야 할 재산이므로 처음부터 증여세라도 아끼는 전략을 취하는 것도 나쁘지 않을 것입니다.

증여 공제는 배우자 6억, 직계비속 5천만원(미성년의 경우 2천만원), 혼인이나 출산의 경우 1억 등이 일반적으로 활용되는 것들입니다. 이러한 공제는 10년 주기로 적용되므로 아들이 태어나서 성인(만 19세)이 될 때까지 2천만원을 두 번(1세, 11세) 증여가능하고, 21세부터 5천만원씩 증여를 하면 됩니다. 배우자의 경우에는 10주년 기념마다 6억씩 증여를 하면 결혼 50주년에 총 30억원의 증여를 세금 없이 할 수 있습니다. 하지만 그런 경우는 현실 속에서는 찾기 힘들 것으로 예상됩니다.

대부분 자녀들에게 현금 증여를 하는 경우 단순히 일시금 현금 계좌이체를 하는 경우는 드물고 S&P500, 나스닥100에 투자하는 장기 적립식 투자 상품을 가입하여 월정액 분할 증여를 하는 경우가 대부분입니다. 이러한 월정액 분할 증여는 일시금 증여에 비하여 정기금 권리의 평가에 따라 절세효과가 크고 현금 증여보다 수익률이 높아 많이 이용되고 있습니다.

💰 특수관계자 간의 거래

(① 부동산 무상(저가)사용)

예를 들어 아버지의 토지 위에 아들이 건물을 지어 토지를 무상으로 사용한다면 증여세를 어느 정도 내야 하는지의 문제입니다. 5년간 무상사용으로 얻은 이익의 현재가치가 1억원을 초과하는 경우 초과분에 대해서만 증여세가 과세됩니다. 연간 무상사용 이익률은 2%로 규정하고 있으므로 대략 13억 정도의 부동산을 5년 사용하면 1억원 정도의 사용이익이 발생한다고 보면 됩니다.

이때 아버지는 토지를 무료로 임대한 것이 되므로 2% 정도의 사용료에 대하여 부가세, 임대소득에 대한 소득세를 별도로 납부하여야 합니다. 저가 임대의 경우에도 동일합니다.

다만 아버지가 아들의 건물 중 일부를 무상사용하는 계약을 체결한 경우에는 아버지의 토지 임대료와 아들의 건물 일부 임대료를 "상계 처리"하는 것이므로 무상사용으로 보지 않습니다.

예를 들어 아버지가 자신의 토지를 담보로 제공하고 아들이 은행으로부터 대출을 받는 경우에는 토지를 담보로 제공한 날을 증여일로 하여 그 이익에 상당하는 금액을 토지를 담보로 이용한 자의 증여재산가액으로 합니다.

대출이자는 아들이 내는 것이지만 아버지의 토지가 담보로 제공되어 이자율이 적정이자(4.6%) 보다 싸지는 만큼 아들이 이익을 보게 되니 이러한 이익을 증여로 보아 증여세를 과세한다는 취지입니다. 결국 차입금에 적정이자율(4.6%)을 곱하여 계산한 금액에서 실제로 지급하였거나 지급할 대출이자를 뺀 금액이 차입에 따른 증여이익이 되는 것입니다.

이 경우 1년 단위로 과세함에 따라 차입기간이 정하여지지 아니한 경우에는 그 차입기간은 1년으로 하고, 차입기간이 1년을 초과하는 경우에는 그 부동산 담보 이용을 개시한 날부터 1년이 되는 날의 다음 날에 새로 해당 부동산의 담보 이용을 개시한 것으로 보아서 계산하며, 증여이익이 1천만원 이상이 되면 그 초과분이 증여세 과세대상이 됩니다. 대략 원금 2.17억원을 기준으로 4.6%가 1천만원이 될 것입니다.

③ 무상(저가)대출(금전 거래)

부모 자식 간의 금전거래는 과세관청이 매우 예민하게 보는 부분입니다. 세무조사에서는 소비대차계약에 따른 대여금이라고 주장하겠지만 이자를 주고받은 증빙이 없다면 단순 증여로 볼 가능성이 매우 높습니다. 그것도 이자를 임의로 정해서도 안 되고, 적정 이자율인 4.6%의 이자를 지급해야 빌려준 것으로 인정해 줍니다.

결국 상증법은 금전 무상대출 등에 따른 증여재산가액은 위 무상 물상보증과 동일합니다. 즉 이자율 4.6%를 기준으로 부족한 이자만큼이 이익의 증여가 되고, 1년을 단위로 그 이익이 1천만원 이상이 되면 과세대상이 됩니다. 결국 2.17억까지는 무상대출이 가능합니다.

그렇다면 2.17억원 무상대출(이자에 대한 증여세가 없음)과 2.17억원 증여(원금 전체에 대한 증여세가 있음)의 구분은 어떻게 이루어질까요? 소비대차는 원금, 이자, 상환일 등으로 구성됩니다. 그러므로 만약 소비대차 계약서를 작성하여 원금을 적시하고, 이자는 4.6%에는 못 미치더라도 아주 약소하게라도 설정하고, 상환일을 대략 5년 내외로 정해두고 실제로 상환하였다면 2.17억원 전부가 증여로 의제되는 일은 막을 수 있습니다. 단 공증은 필수는 아닙니다.

④ 특정법인과의 거래에 따른 증여

앞선 사례에서 아버지가 아들이 아닌 아들이 50% 지분을 가진 회사에 소비대차 계약서를 작성한 후 무상대출을 해준다면 어떻게 될까요?

여기서 지배주주 등의 주식보유비율이 30% 이상인 특정법인이 지배주주의 특수관계인과 일정 거래를 통하여 이익을 얻는 경우 증여세를 과세하는데, 그 이익이 1억원을 넘기는 경우이어야 합니다.

즉 아버지가 40억을 무상대출 해주면 아들이 50%의 주식보유비율을 가진 특정법인은 연 4.6%의 이자를 면제받은 이익이 발생하였고, 1년 무상대출에 따른 이익은 1억8,400만원이 되고, 아들이 50%지분권자이므로 여기서 1/2하면 9,200만원이 됩니다. 이는 증여의제이익이 1억원을 넘기지 않기 때문에 증여세 과세가 되지 않습니다. 결국 아버지는 아들이 50%지분을 가지고 있는 경우에는 대략 40억을, 100%지분을 가지고 있는 경우에는 대략 20억을 무상대출 해주어도 증여세를 부담하지 않게 되는 것입니다.

💰 증여자산 이월과세

남편이 최초 1억에 부동산을 사서 보유하고 있습니다. 5년이 흐른 후 가격이 급등하여 현재 시세가 6억원입니다. 남편은 5억원 시세차익에 대한 양도세를 내고 싶지 않습니다. 그래서 배우자 공제 6억원이 가능한 아내에게 해당 부동산을 증여세를 내지 않고 증여합니다. 그리고 아내의 명의로 부동산을 옮긴 후 아내가 6억원에 양도를 합니다. 결국 아내의 증여 당시 취득가액은 6억이므로 양도세를 내지 않게 됩니다.

과세관청이 이러한 수법을 두고 볼 일은 없을 것입니다. 그래서 아내가 보유한 기간이 10년 이내이면 아내의 취득가액을 최초 남편의 취득가액인 1억으로 보겠다는 것이 "증여자산 이월과세"입니다. 결국 남편의 시세차익에 대한 양도세를 내지 않기 위해서는 아내가 증여받은 날로부터 10년을 더 보유한 이후에 양도를 해야 합니다.

결국 아내가 보유한 10년을 통해 남편의 시세차익 5억원에 대한 양도세는 면제되는 것입니다. 그리고 아내가 증여받은 후 10년 사이에 남편이 사망한 경우에는 그때부터 이월과세가 적용되지 않아서 증여받은 당시 가액인 6억을 취득가액으로 보아 양도세 과세대상이 되지 않습니다. 다만 상속재산에는 포함이 되어 상속세 과세대상이 됩니다. 또한 1가구 1주택 비과세 요건을 충족하는 경우에도 증여자산 이월과세는 적용되지 않습니다.

PART

7

상속공제와
비과세

💰 기초공제

"기초공제"란 상속세과세가액에서 별도의 요건 없이 2억원을 공제해 주는 기본적인 공제를 말합니다. 이러한 기초공제는 거주자나 비거주자 동일하게 적용됩니다. 그러면 공제가 적용되는 "상속세과세가액"이 무엇인지 확정되어야 합니다.

"상속세과세가액"이란 총상속재산가액에서 비과세상속재산(금양임야, 묘토 등) 및 과세가액공제(장례비, 공과금 등)을 차감하고 사전증여재산가액을 추가한 뒤 과세가액불산입액(공익법인 출연 등)을 차감한 것을 말합니다.

🪙 기타 인적공제

　상속인이 누구냐에 따라 공제에 차등을 두는 것을 "인적공제"라고 하며, 기초공제, 일괄공제, 배우자공제와 비교하여 아래 표에 해당하는 공제는 "기타 인적공제"라는 개념을 사용합니다. 인적공제의 핵심은 배우자공제이므로 배우자공제는 따로 설명해 드리도록 하겠습니다.

자녀공제	1인당 5천만원
미성년자공제	상속인 중 미성년자 1인당 1천만원 × 19세까지 잔여 연수

　자녀공제와 미성년자공제는 중복 적용이 가능합니다. 예를 들어 아들이 만 13세인데 아버지가 사망하여 상속이 개시되는 경우라면 자녀공제로 5천만원, 미성년자공제로 6천만원 = 1천만원 × (19-13), 합계 1억1천만원을 공제받을 수 있습니다.

연로자공제	상속인(배우자 제외) 중 65세 이상 1인당 5천만원
장애인공제	상속인 중 장애인 1인당 1천만원 × 기대여명 연수

장애인공제는 다른 인적공제 및 배우자공제와 중복 적용이 가능하며, 기대여명 연수가 곱해지므로 공제에 있어서는 매우 유리한 공제입니다. 최근 통계에 따르면 2024년 출생아의 기대수명은 83.7세로 역대 최고치를 기록했습니다. 위 13세의 아들이 장애인이라면 앞선 1억1천만원의 자녀공제, 미성년공제에 더하여 약 7억1천만원의 장애인공제까지 적용됩니다.

💰 배우자공제

상속인 중 법률상 배우자가 있는 경우 배우자가 실제로 상속받은 금액을 공제하되 최소 5억원에서 최대 30억원까지 공제해 주는 제도입니다.

알아두기

- 배우자가 실제로 상속받은 금액이 5억원 미만인 경우(상속을 포기하거나 실제 상속받은 금액이 없어도) : 5억원 공제

- 배우자가 실제로 상속받은 금액이 5억원 이상인 경우 : 실제 상속받은 금액 공제("배우자공제한도액"까지만 가능)

- "배우자공제한도액"은 ① ② 중 적은 금액을 한도액으로 봅니다.
  ① (상속재산가액 + 추정상속재산 + 10년 이내 증여재산가액 중 상속인 수증분 − 상속인 외의 자에게 유증·사인증여한 재산가액 − 비과세·과세가액불산입 재산가액 − 공과금·채무) × (배우자 법정상속지분) − (배우자의 사전증여재산에 대한 증여세 과세표준)
  ② 30억원

- 배우자가 실제로 상속받은 금액을 공제하되 법정상속분을 초과할 수 없습니다.

☑ "배우자가 실제 상속받은 금액"= 배우자가 상속받은 상속재산가액(사전 증여재산가액 및 추정상속재산가액 제외) - 배우자가 승계하기로 한 공과금 및 채무액 - 배우자 상속재산 중 비과세 재산가액

☑ 배우자는 법률상 배우자만 해당하고 사실혼은 해당되지 않습니다.

☑ 배우자공제의 최대한도는 30억입니다.

☑ 상속세과세표준신고기한(피상속인의 사망일이 속한 달의 말일로부터 6개월 이내)의 다음날부터 9개월이 되는 날까지 배우자의 상속재산을 분할하고 "납세지 관할세무서장에게 신고"한 경우에만 공제가 적용됩니다.

☑ 상속인 등이 상속재산에 대하여 상속회복청구의 소를 제기하거나 상속재산 분할의 심판을 청구한 경우와 같이 부득이한 사유가 있는 경우에는 배우자 상속재산 분할 신고기한(소의 제기나 심판청구로 인한 경우에는 소송 또는 심판청구가 종료된 날)의 다음날부터 6개월이 되는 날까지 상속재산을 분할하여 신고하는 경우에는 공제가 적용됩니다.

💰 위자료와 과세

① 양도세 및 취득세

만약 이혼을 하는데 남편이 현금으로 위자료를 지급하지 않고 부동산으로 위자료를 지급하였다면 양도세 및 취득세 과세대상이 될 수 있습니다. 즉 남편이 부동산을 3억에 매입하고 보유하고 있다가 이혼 및 위자료 지급시점에 10억으로 시가가 상승한 상황이고 아내에 대한 위자료로 10억을 지급해야 하는 판결에서 부동산을 위자료 명목으로 넘겼다면 양도차익 7억에 대한 양도세를 납부하여야 합니다.

하지만 재산분할로 위 10억 부동산을 이전하였다면 아내의 입장에서는 자기 재산을 자기가 찾아 간 것이므로 양도세를 내지 않습니다. 그러므로 이혼을 할 때 남편이 부동산을 넘긴다면 재산분할 명목으로 넘기는 것이 남편의 절세전략으로는 정답입니다.

아내의 입장에서 재산분할로 받든, 위자료로 받든 취득세를 납부해야 합니다. 다만 재산분할로 받는 경우 취득세는 1.5%의 낮은 세율이 적용되지만 위자료로 받는 경우에는 감면 없이 일반적인 취득세율인 3.5%가 적용되므로 부동산을 넘기는 경우 아내의 입장에서도 취득세 절세 측면에서는 재산분할 명목으로 받는 것이 좋습니다.

② 상속세 및 소득세

위자료는 이혼으로 인한 정신적인 피해를 배상하는 것이므로 원칙적으로 상속세 및 소득세 과세대상이 되지 않습니다. 사망 사고에 대한 유족보상금도 정신적 피해에 대한 보상이라 상속세 및 소득세 과세대상이 아닙니다.

다만 남편이 이혼을 하고 위자료를 지급하지 않은 상태에서 사망하고 상속인들이 위자료를 포함한 전체 상속재산을 상속하고 미지급채무로서 상속채무를 공제하는 방식으로 정리해야 할 것입니다.

③ 기타소득 처리

위자료 중에서도 계약의 해약, 위약 등으로 받게 되는 위약금이나 해약금, 법정이자 등은 기타소득으로 소득세를 내야 합니다. 그리고 합의에 따라 받는 위자료라고 하더라도 소송을 제기하지 않는 조건의 합의금 또는 실질적으로 사례금의 성격을 띠는 경우에는 기타소득 처리됩니다.

즉 순수한 정식적·신체적 피해에 대한 배상이면 비과세이고, 계약 위반 등에 따른 대가나 사례금이면 기타소득으로 과세됩니다. 그러므로 위자료를 지급할 때 그 명목을 "순수한 정신적 손해에 대한 배상"임을 명확히 하는 것이 좋습니다.

④ 증여세 과세

　위자료도 재산분할도 모두 지급받는 아내의 입장에서 증여세를 내지
않습니다. 하지만 명목이 불분명하거나, 통상적인 위자료 기준을 초과
하거나, 조세포탈 목적의 가장이혼을 통해서 지급한다면 당연히 증여세
대상이 될 수 있습니다.

💰 일괄공제

　기초공제 2억원과 기타 인적공제를 합한 금액과 5억원 중 더 큰 금액을 선택하여 공제받을 수 있는데, 기초공제 2억원과 기타 인적공제를 합한 금액이 5억원을 초과하지 못하는 일반적인 경우에는 "일괄하여" 5억원을 공제해주는 간편한 제도가 "일괄공제"입니다.

　만약 가족 중에 미성년자, 연로자, 장애인이 있어 기타 인적공제를 많이 적용받을 수 있다면 일괄공제를 선택하지 않아야 합니다. 그리고 상속세 신고기한 내 상속세 과세표준 신고가 없는 경우에도 일괄공제 5억원을 적용합니다.

　일괄공제는 배우자공제와 별도로 적용이 됩니다. 즉 대부분의 상속에서 배우자와 자녀가 상속인이 되는데, 배우자공제 5억원과 일괄공제 5억원을 합하면 총 10억원까지는 상속공제가 이루어지므로 일반적으로 상속재산 10억원까지는 상속세가 없다는 의미가 됩니다. 이 경우 배우자가 상속을 받지 않고 자녀가 상속을 받더라도 10억까지는 상속세가 발생하지 않습니다.

　다만 상속인이 배우자 단독인 경우에는 기초공제 2억원 및 기타 인적공제의 합계액만 적용되고 일괄공제는 적용되지 않습니다. 기타 인적공제 중 장애인공제에 해당사항이 없다면 결국 기초공제 2억원과 배우자 공제 5억원의 합계 7억원만 적용되는 것입니다.

💰 금융재산공제

　부동산은 가액을 시가, 공시지가, 감정 등 다양한 평가방식으로 평가를 하게 되는데 그 이유는 명확한 단일의 시가가 존재하지 않기 때문입니다. 그러다 보니 부동산과 비교하여 금융재산은 그 가액이 명확하여 모든 금액이 고스란히 반영되다 보니 자산평가의 불균형이 발생할 수 있습니다. 그래서 상속개시일 현재 피상속인이 보유한 상속재산 중 금융재산이 있는 경우에는 20%(최대 2억원까지)를 공제해 주는 제도가 "금융재산공제"입니다.

　유의할 점은 상속개시일 현재 금융재산이 대상이라 상속개시 이전에 증여한 금융재산은 공제대상에서 제외된다는 사실입니다.

　공제대상이 되는 금융재산은 예금·적금·부금·출자금·금전신탁재산·보험금·공제금·주식·채권·수익증권·출자지분·어음 등의 금전 및 유가증권, 비상장주식 및 회사채 등을 말합니다.

　다만, 현금과 자기앞수표는 공제대상 금융재산에 해당하지 않습니다. 또한 ① 최대주주 또는 최대출자자가 보유하고 있는 주식 또는 출자지분, ② 상속세 과세표준 신고기한까지 신고하지 않은 타인 명의 금융재산은 금융재산상속공제가 적용되지 않습니다.

순금융재산가액	금융재산상속공제
2천만원 이하	해당 순금융재산가액 전액
2천만원 초과 1억원 이하	2천만원
1억원 초과 10억원 이하	해당 순금융재산가액 × 20%
10억원 초과	2억원(최대한도)

예를 들어 통장에 1억이 예금되어 있다면 5천만원 성인자녀 공제로 세금 없이 증여를 하고, 나머지 5천만원은 10년 내에 상속개시가 이루어지면 금융재산공제로 2천만원을 차감하여 최종 상속세 과세대상 금액은 3천만원이 될 것입니다.

💰 동거주택 상속공제

　부모님과 동거하면서 살아온 집에 대해서는 6억원을 한도로 상속세를 감면해주는 것이 "동거주택 상속공제"인데 오랜 기간 부모님과 함께 산 효자에 대한 배려일 수도 있겠지만 부양이 아닌 단순히 함께 산다고 효자가 되는 것은 아니므로 상속인이 유지해 온 주거의 안정에 조금 더 무게감이 있어 보입니다. 하지만 아래와 같은 요건들을 충분히 숙지하고 있어야 공제를 받을 수 있기 때문에 요건 하나하나에 각별히 주의할 필요가 있습니다.

알아두기

- ✔ 동거하는 상속인은 직계비속 및 직계비속의 배우자에 한정됩니다.

- ✔ 피상속인과 상속인이 상속개시일부터 소급하여 10년 이상 계속하여 하나의 주택에서 동거해야 합니다.

- ✔ 10년이라는 동거기간은 "소급하여 연속"되어야 하므로 동거와 별거를 반복하는 경우 동거기간을 합산하여 10년이 된다고 하더라도 요건이 충족되지 않습니다.

- ✔ 동거 기간 10년에는 상속인이 미성년자인 기간은 제외됩니다.

◈ 해당 주택에 담보된 피상속인의 채무를 차감하여 주택가액 100%를 공제하는데, 그 한도는 6억까지입니다.

◈ 1세대 1주택에는 고가 주택이 포함되고 무주택 기간도 포함됩니다.

◈ 상속인은 상속개시일 현재 무주택자이거나 피상속인과 공동으로 1세대 1주택을 보유한 자이어야 합니다.

🪙 공과금, 장례비용, 채무 등 공제

아래와 같은 공과금, 장례비용, 채무 등은 상속재산가액에서 차감해줍니다.

① 공과금

알아두기

- ✅ "공과금"이란 상속개시일 현재 피상속인이 납부할 의무가 있는 것으로서 상속인에게 승계된 조세·공공요금 등을 말합니다. 상속개시일 이전에 발생한 피상속인 사업에 대한 소득세, 부가세가 대표적인 예이고, 피상속인이 사망 전 납부하지 않은 재산세 및 종부세도 포함됩니다.
- ✅ 상속개시일 이후 상속인의 귀책사유로 납부하였거나 납부할 가산세·가산금·체납처분비·벌금·과료·과태료 등은 공제할 수 없습니다. 그리고 상속인이 상속재산 등기를 위해 납부하는 취득세도 공제 대상이 되지 않습니다.
- ✅ 피상속인이 비거주자인 경우에는 당해 상속재산에 관한 공과금만 상속재산가액에서 차감할 수 있습니다.

② 장례비용

알아두기

- ✔ "장례비용"이란 피상속인의 사망일부터 장례일까지 장례에 직접 소요된 금액과 봉안시설의 사용에 소요된 금액을 말합니다.
- ✔ 장례에 직접 소요된 금액은 봉안시설의 사용에 소요된 금액을 제외하며, 그 금액이 5백만원 미만인 경우에는 5백만원을 공제하고 1천만원을 초과하는 경우에는 1천만원까지만 공제합니다.
- ✔ 봉안시설, 자연장지에 사용된 금액은 별도로 5백만원을 한도로 공제합니다.
- ✔ 피상속인이 비거주자인 경우에는 장례비를 공제하지 않습니다.

여기서 주의할 부분은 "시신을 매장하는 비용"이 봉안시설 비용인지 장례에 직접 소요된 비용인지 구분해야 합니다. 봉안시설 비용은 유골을 봉안묘와 봉안당, 봉안탑 등의 봉안시설에 안치하는 비용이며, 시신을 매장하는 것을 제외한 비용입니다. 오히려 시신의 발굴 및 안치에 소요된 비용과 묘지구입비, 비석, 상석 등이 장례에 직접 소요된 비용에 포함됩니다.

③ 채무

알아두기

- "채무"란 상속개시일 현재 피상속인이 부담하여야 할 확정된 채무로서 공과금 이외의 모든 부채를 말하며 상속인이 실제로 부담하는 사실이 입증되어야 합니다.
- 국가·지방자치단체·금융기관의 채무 : 당해 기관에 대한 채무임을 확인할 수 있는 서류
- 그 밖의 채무 : 채무부담계약서, 채권자확인서, 담보설정 및 이자지급에 관한 증빙 등에 의하여 그 사실을 확인할 수 있는 서류
- 피상속인이 비거주자인 경우에는 당해 상속재산을 목적으로 하는 임차권, 저당권 등 담보채무, 국내사업장과 관련하여 장부로 확인된 사업상 공과금 및 채무 등에 한정하여 차감할 수 있습니다.

피상속인의 미지급이자, 보증채무, 연대채무, 임대보증금반환채무, 퇴직금지급채무 등이 대표적인 채무의 범위에 속합니다. "피상속인의 병원비"도 채무에 포함되지만 입증의 편의를 위해 피상속인의 계좌에서 병원비가 지출되도록 하는 것이 좋습니다. 당연한 이야기이지만 "차입금의 명의"는 아내라고 할지라도 남편의 사업자금 등 사용처를 입증하거나 남편의 이자부담 등을 입증한다면 공제되는 채무에 포함됩니다.

다만 "보증채무"는 주채무자의 변제불능으로 인하여 상속인이 주채무자에게 구상권을 행사할 수 없다고 인정되는 부분에 한정되고, "연대채무"는 피상속인의 부담분에 한정되는 것이 원칙이지만 보증채무와 마찬가지로 연대채무자가 변제불능 상태가 되어 피상속인이 변제불능자의 부담부분까지 부담하게 된 경우에 그 부담분에 대하여 상속인이 구상권 행사에 의해 변제받을 수 없다고 인정되는 부분도 포함하게 됩니다.

💰 비과세되는 상속재산

전사나 이에 준하는 사망, 전쟁이나 이에 준하는 공무의 수행 중 입은 부상 또는 질병으로 인한 사망으로 상속이 개시되는 경우에는 피상속인이 소유한 모든 재산에 대하여 상속세를 부과하지 않습니다. 그리고 아래와 같은 여덟 가지 비과세 상속재산이 있습니다.

알아두기

- ✔ 국가·지방자치단체 또는 공공단체에 유증(사인증여 포함)한 재산
- ✔ 문화재보호법에 따른 국가지정문화재 및 시·도 지정문화재와 같은 법에 따른 보호구역 안의 토지로서 당해 문화재 등이 속한 토지
- ✔ 피상속인이 제사를 주재하고 있던 선조의 분묘에 속한 9,900㎡ 이내의 금양임야 및 분묘에 속하는 1,980㎡ 이내의 묘토인 농지(한도액 2억원)
- ✔ 족보 및 제구(한도액 1천만원)
- ✔ 정당법에 따른 정당에 유증 등을 한 재산
- ✔ 근로복지기본법에 따른 사내근로복지기금 또는 근로복기본법에 따른 우리사주조합 및 근로복지진흥기금에 유증 등을 한 재산
- ✔ 사회통념상 인정되는 이재구호금품, 치료비 그 밖의 불우한 자를 돕기 위하여 유증한 재산
- ✔ 상속재산 중 상속인이 신고기한 이내에 국가·지방자치단체나 공공단체에 증여한 재산

ⓢ 공익법인 출연

　상속인이 상속재산을 종교단체, 학교법인, 의료법인과 같이 지정기부 금단체로 지정 받은 "공익법인"에 출연하면 상속세 과세가액에 산입 되지 않습니다. 또한 출연 받는 공익법인도 증여세 과세가 되지 않는 장점이 있습니다. 하지만 공익법인의 설립 및 상속세 면제 요건은 매우 까다롭고 자주 변경되므로 공익법인을 활용할 계획이 있다면 항상 유의해야 합니다. 특히 아래와 같은 사항들은 꼭 챙겨야 합니다.

⚠ **주의할 점**

- 상속인의 의사(상속인이 2명 이상인 경우에는 상속인들의 합의에 의한 의사로 한다)에 따라 상속받은 재산을 상속세 신고기한까지 출연하여야 합니다.

- 상속인이 출연된 공익법인등의 이사 현원(5명에 미달하는 경우에는 5명으로 본다)의 5분의 1을 초과하여 이사가 되지 아니하여야 하며, 이사의 선임 등 공익법인등의 사업운영에 관한 중요사항을 결정할 권한을 가지지 않아야 합니다.

- 상속세 과세가액에 산입하지 아니한 재산과 그 재산에서 생기는 이익의 전부 또는 일부가 상속인(상속인의 특수관계인을 포함한다)에게 귀속되

지 않아야 합니다.

● 공익법인은 출연 받은 재산을 3년 이내에 직접 공익목적사업에 전부 사용하고, 3년 이후에도 계속하여 공익목적사업에 사용하여야 합니다.

● 출연재산을 매각한 경우 그 매각대금을 매각 사업연도 종료일부터 1년 이내 30%, 2년 이내 60%, 3년 이내 90% 이상을 직접 공익목적사업에 사용해야 합니다.

● 출연재산의 운용소득(이자, 임대료, 배당금 등)은 사업연도 종료일부터 1년 이내 80% 이상을 직접 공익목적사업에 사용해야 합니다.

● 일정 규모 이상의 공익법인은 매년 수익용 재산의 1%(발행주식총수의 10% 초과보유시 3%) 상당액 이상을 공익목적사업에 사용해야 합니다.

상속재산을 출연하면 상속세를 내지 않아도 됩니다. 하지만 상속이 완료된 이후 상속받은 재산을 출연하면 상속인은 상속세를 납부한 후 증여(공익법인은 증여과세 되지 않음)해야 하는 문제가 발생합니다. 그러므로 상속개시 이후 상속재산분할협의를 진행하면서 공익법인에 출연한다는 사실을 명확하게 할 필요가 있습니다.

상속세의
납부와 가산세

💰 분납, 연부연납, 물납

　먼저 "분납"이란 납부할 세액이 1천만원을 초과하는 경우 2개월 동안 두 번에 나누어 아래와 같이 상속세를 낼 수 있도록 해주는 제도입니다. 상속세 신고서에 분할하여 납부할 세액을 기재하여 제출하면 신청은 완료됩니다.

> **알아두기**
>
> ✅ 납부할 세액이 2천만원 이하 : 1천만원은 납부 기한 내에 납부하고 나머지를 2개월 이내에 분납하는 방식으로 만약 1천5백만원이 납부세액이라면 1천만원을 먼저 내고 2개월 안에 남은 5백만원을 납부할 수 있습니다.
>
> ✅ 납부할 세액이 2천만원 초과 : 50% 이하의 금액을 2개월 이내에 분납하는 방식인데 만약 납부세액이 4천만원이라면 50%인 2천만원을 먼저 내고 2개월 안에 남은 2천만원을 납부할 수 있습니다.

　"연부연납"이란 상속세 납부세액이 2천만원을 초과하는 경우 관할세무서장의 허가를 얻어 담보 제공을 조건으로, 일반적으로 10년에 걸쳐 11회에 나누어 낼 수 있는 제도입니다. 최초 납부기한 내에 1회를 내고

1년 뒤 2회를 내는 방식이라 10년이 차는 날 11회가 납부되는 방식입니다.

특징은 부동산이나 납세보증보험증권 등의 담보를 제공해야 한다는 점과 연부연납가산금의 가산율 연 3.1%의 이자를 부담해야 한다는 점입니다. 11억을 납부세액이라고 치면 10년 연부연납으로 지급하게 되는 이자는 대략 1억7천만원 정도가 됩니다.

"물납"이란 납부세액이 2천만원을 초과하는 경우 관할세무서장의 허가를 받아 현금 대신 상속받은 부동산이나 유가증권으로 상속세를 납부할 수 있는 제도입니다. 상속재산 중에서 부동산과 유가증권의 가액이 해당 상속재산가액의 1/2을 초과하고, 상속세 납부세액이 상속재산가액 중 금융재산 가액을 초과하는 경우에 가능합니다.

국공채 - 상장된 유가증권 - 부동산 - 유가증권 - 비상장 주식 등의 순서로 물납허가순위가 결정되며, 문화재 및 미술품도 물납이 허용됩니다.

💰 가산세

상속세를 신고기한 내에 아예 신고하지 않은 경우에는 "무신고가산세 20%"를 물어야 하고, 신고해야 할 금액에 미달하여 과소 신고한 경우에는 "과소신고가산세 10%"를 물어야 합니다.

거짓 증빙 등과 같은 부정행위를 통한 무신고, 과소신고의 경우에는 동일하게 40%의 가산세가 적용됩니다.

이러한 가산세는 전체 납부세액이 늘어나는 영역의 문제이고, 납부가 지연되는 지연이자 부분에 있어서는 미납금액에 대해 1일 0.022%(1년 약 8%)의 "납부지연가산세"가 추가됩니다.

다만 소유권에 관한 소송으로 상속재산이 미확정인 경우, 상속공제 적용에 착오가 있었던 경우, 감정가격 등을 시가로 인정한 경우, 시가 산정이 어려워 보충적평가방법을 사용한 경우 등의 사유로 인하여 과소신고가 이루어진 경우에는 가산세를 적용하지 않습니다.

💰 상속세율

상속세율은 아래와 같이 5단계 초과 누진세율 구조입니다.

과세표준	세율
1억이하	10%
1억초과 5억이하	1천만원 + 1억 초과금액의 20%
5억초과 10억이하	9천만원 + 5억 초과금액의 30%
10억초과 30억이하	2억4천만원 + 10억 초과금액의 40%
30억초과	10억4천만원 + 30억 초과금액의 50%

9

가업상속 ·
가업승계

🪙 기본적인 의미

중소기업이 소유권이나 경영권을 상속하거나 증여할 경우 상속공제 또는 증여세 혜택 등을 통해 다음 세대로 기업의 계속성을 유지하면서 경영을 연속할 수 있도록 해주는 제도를 말합니다.

"가업상속공제"는 중소기업 또는 중견기업의 경우 피상속인이 생전에 10년 이상 영위한 기업을 일정요건 충족시 최소 300억원에서 최대 600억원까지 상속공제를 해주는 제도를 말합니다.

"가업승계 증여세 과세특례"는 18세 이상인 거주자가 60세 이상의 부모로부터 가업의 승계를 목적으로 해당 주식 또는 출자지분을 증여받는 경우, 증여세 과세가액에서 10억원을 공제하며 10%(과세표준이 120억원을 초과하는 경우 그 초과금액에 대해서는 20%)로 증여세를 과세한 후 상속 시에 정산하는 제도입니다.

💰 가업상속공제 요건

피상속인이 생전에 10년 이상 경영한 기업이면서 중소기업(자산총액 5천억 미만) 또는 중견기업(직전 3개년 연평균 매출액 5천억 미만)이어야 합니다.

다만 부동산 관련 부동산 임대업, 공급업, 사행성 관련 주점업, 노래방, 무도장, 게임장, 카지노, 유흥음식점, 시설운영 관련 골프장, 스키장, 주차장, 수영장, 온천장, 교육 및 보건 기타 관련 학교, 입시학원, 운전학원, 장애인복지시설, 보육시설, 독서실 운영업, 개인 간병인 서비스업, 가사서비스업, 목욕, 세탁, 미용업, 전문 서비스 관련 법무, 회계, 세무, 부동산중개업, 금융보험업 등은 가업상속공제가 되지 않는 업종이니 유의하셔야 합니다.

피상속인의 가업영위기간이 10년 이상이면 가업상속공제한도액은 300억원이며, 20년 이상은 400억원, 30년 이상은 600억원입니다. 만약 가업상속공제를 받지 못하고 110억원의 가업을 상속하는 경우 대략 44억원의 상속세를 내야하나, 가업상속공제를 받게 되면 일괄공제 5억원, 배우자공제 5억원에 가업상속공제 100억원을 통해 합계 110억원의 공제가 이루어짐으로써 상속세는 0원이 되는 것입니다.

피상속인 요건으로는 ① 주식보유 기준으로 중소기업 또는 중견기업의 최대주주 등으로서 특수관계자의 지분을 합하여 40% 이상(상장기업은 20% 이상)을 상속개시일로부터 소급하여 10년 이상 계속하여 보유하여야 합니다. ② 대표이사 재직기간 기준으로 50% 이상의 기간, 10년 이상의 기간, 상속개시일로부터 소급하여 10년 중 5년 이상의 기간 대표이사로 재직해야 합니다.

상속인 요건으로는 ① 상속개시일 현재 18세 이상이어야 하고, ② 피상속인이 가업을 영위하는 기간 중 2년 이상 직접 가업에 종사해야 하며, ③ 상속세과세표준 신고기한까지 임원으로 취임하고, 신고기한으로부터 2년 이내에 대표이사로 취임해야 합니다. 이러한 요건은 상속인의 배우자가 갖추어도 가능합니다.

💰 가업상속공제의 사후관리

가업상속공제는 공제를 받을 때는 즐거울 수 있으나 5년간 사후관리를 잘 못하면 추징세액(이자상당액이 포함되므로 매우 큰 위험)이 부과될 수 있습니다. 어떻게 보면 가업상속공제는 사후관리의 불편함을 잘 지키고 견디느냐의 문제입니다. 절세하려다 증세가 될 수도 있기 때문에 가업상속공제를 활용하지 않으려는 기업가들도 상당히 많습니다. 아래의 경우들이 사후관리 위반이 되므로 각별히 주의해야 합니다.

⚠ 주의할 점

✔ 해당 가업용 자산(사업용 고정자산)의 40% 이상을 처분하는 경우

✔ 해당 상속인이 가업에 종사하지 아니하게 된 경우(가업의 준된 업종을 변경하는 경우)

✔ 주식 등을 상속받은 상속인의 지분이 감소된 경우(물납의 경우는 제외하나 이 경우에도 최대주주에 해당해야 함)

✔ 상속개시된 사업연도 말부터 5년간 정규직근로자 수의 평균이 기준고용인원의 90/100에 미달하거나, 5년간 총급여액의 평균이 기준총급여액의 90/100에 미달하는 경우(5년 전체 기간 판단)

✔ 1년 이상 휴업(실적이 없는 경우 포함)하거나 폐업하는 경우

✔ 상속인이 최대주주 등에 해당하지 않게 되는 경우

✔ 상속인이 사망하여 상속이 개시되는 경우(상속인의 자녀가 다시금 가업을 승계하여 상속공제 요건을 남은 사후관리기간 만큼 갖추어야 가업상속공제 가능)

💰 가업승계에 따른 증여세 과세특례

① 수증자가 18세 이상 거주자로서, ② 증여자는 가업상속공제 적용 대상 가업을 경영한 60세 이상의 부모이며, ③ 증여자가 증여일로부터 소급하여 10년 이상 또는 전체 가업영위기간의 50% 이상 대표이사로 재직하였으며, ④ 수증자 또는 배우자가 증여세 신고기한까지 가업에 종사하고, 증여일로부터 3년 이내에 대표이사에 취임하면 됩니다.

이 경우 증여세의 과세가액에서 10억원을 공제한 후, 10% 세율(만약 과세표준이 120억을 초과하는 경우에는 초과 금액의 20% 세율)을 적용하여 증여세를 계산합니다.

가업승계의 경우에도 사후관리를 잘해야 하는데, ① 증여일로부터 5년 이내에 정당한 사유 없이 정상적으로 가업승계를 이행하지 아니한 경우, ② 가업을 1년 이상 휴업(실적이 없는 경우 포함) 또는 폐업하는 경우, ③ 가업의 주된 업종을 변경하는 경우, ④ 수증자가 증여받은 날부터 5년까지 대표이사직을 유지하지 아니하는 경우, ⑤ 수증자가 증여세 신고기한까지 가업에 종사하지 아니하거나 증여일로부터 3년 이내에 대표이사로 취임하지 아니하는 경우, ⑥ 수증자가 증여받은 주식을 처분하는 경우, ⑦ 수증자의 지분율이 낮아지는 경우, ⑧ 수증자가 최대주주 등에 해당되지 아니하는 경우에는 해당 가업 주식을 일반 증여재산으로 보아 이자상당액과 함께 증여세를 부과하게 되니 각별히 주의하여야 합니다.

조상규 변호사가 직접 떠먹여 주는
상속 증여 제대로 하기

1판 1쇄 발행 2026년 5월 6일

저자 조상규

편집 김다인　**마케팅·지원** 조아라

펴낸곳 (주)하움출판사　**펴낸이** 문현광

이메일 haum1000@naver.com　**홈페이지** haum.kr
블로그 blog.naver.com/haum1000　**인스타그램** @haum1007

ISBN 979-11-7374-392-4(13360)

좋은 책을 만들겠습니다.
하움출판사는 독자 여러분의 의견에 항상 귀 기울이고 있습니다.
파본은 구입처에서 교환해 드립니다.

이 책은 저작권법에 따라 보호받는 저작물이므로 무단전재와 무단복제를 금지하며,
이 책 내용의 전부 또는 일부를 이용하려면 반드시 저작권자의 서면동의를 받아야 합니다.